お台場

品川台場の設計・構造・機能

淺川道夫著

錦正社

一番台場

二番台場

三番台場

一番～三番台場の旧景

四番台場（未完成）

五番台場

六番台場

四番〜六番台場の旧景

三番台場・六番台場の現況

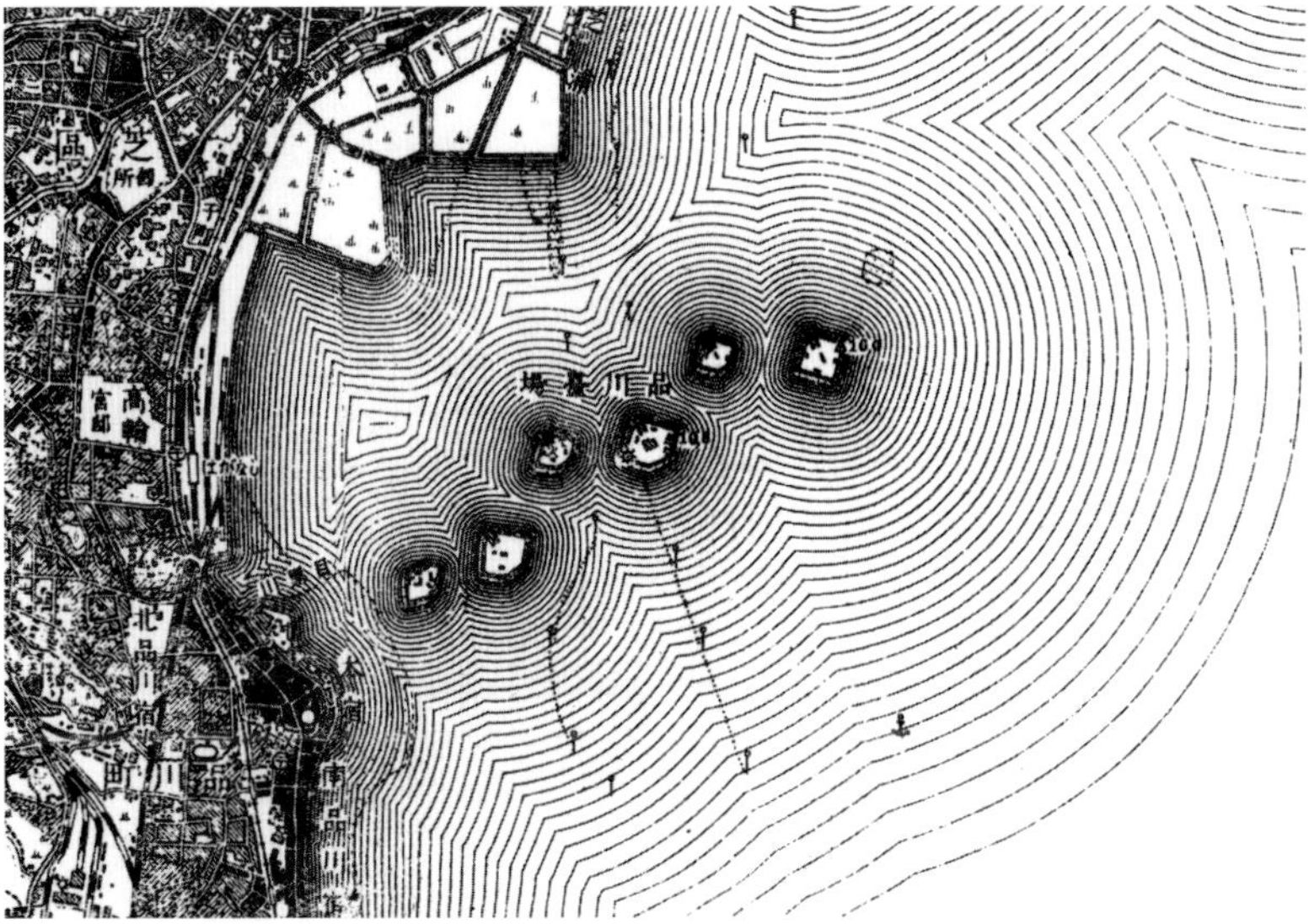

品川台場の配列　出典：「1/50000 東京近郊」（陸地測量部、1920 年）。

目次

III．品川台場の構造……123

図版目次

表目次

お台場

――品川台場の設計・構造・機能――

はじめに

品川台場とは、嘉永六(一八五三)年のペリー来航をきっかけとして、江戸湾内海(特に江戸市街部の前面)を防禦するために築かれた西洋式の海堡である。その建設計画は、伊豆韮山の代官で当時幕府の海防掛に名を連ねていた、江川太郎左衛門によって推進された。江川がオランダの築城書にもとづいて設計した品川台場は、今日「わが国初の本格的海中土木構造物(1)」と評されている。

品川沖への台場建設は、計画当初一一基の海堡を連ねた防禦線となる予定だったが、実際に完成したのは一〜三番と五〜六番台場の五基にとどまり、四番と七番は未完成、八〜十一番台場については未着工のままで終った。竣工した台場についてみると、三番台場は四面の射界をもった方形堡、一番・二番・五番・六番台場はその前部を切って射界を五面とした角面堡で、何れの台場もオランダ式の前装滑腔砲を備えていた。

これらの台場は、明治維新を迎えるまで一五年間にわたって使用され、その間諸藩が交代で警備に就いた。明治以降は海堡として使われることはなくなったが、台場そのものは灯台・民間造船所・牡蠣養殖場などに転用され、第二次世界大戦後まで残存し続けた。そして戦後の東京湾開発により、品川台場はそのほとんどが撤去されて消滅し、現在では大正期に国指定史蹟となっていた三番・六番の二基が残るのみである。

品川台場に関する研究は数多く、枚挙にいとまがない程だが、ここではそのうちの主なものを取り上げながら、既往の研究史を振り返っておきたい。まず品川台場研究の基礎史料になるものとして、明治二十二（一八八九）年に陸軍省の要請を受けて勝海舟が編纂した『陸軍歴史』がある。品川台場関係の史料はこの「上巻」に、勝自身のコメントを交えて収載されている。また、東京市が大正十五（一九二六）年に刊行した『東京市史稿　港湾篇二・三』も、品川台場にまつわる一次史料を収載した文献として有用である。なお昭和三十一～三十二（一九五六～五七）年にかけて、東京都がその続編として刊行した『東京市史稿　市街篇四三・四四・四五』にも、関係史料が収められている。

人物研究の視点から品川台場に関する史料を集成したものとしては、戸羽山瀚編『江川坦庵全集』（江川坦庵全集刊行会、巌南堂、一九七九年）があり、その「上巻」に「大砲鋳造資料」、「下巻」に「台場築造資料」と「戸田《へだ》造船資料」を収めている。これらは江川家（現在の江川文庫）の所蔵史料を翻刻したものであった。近年、韮山町で編纂された『韮山町史　第六巻下』（韮山町史刊行委員会、一九九四年）では、このうちの主要なものを原史料から改めて翻刻している。因みに江川文庫の所蔵史料については、静岡県教育委員会が平成十四～十八（二〇〇二～〇六）年にかけて調査を実施しており『江川文庫古文書史料調査報告書』（静岡県教育委員会、二〇〇七年）という形でその目録が公刊されている。

以上、品川台場にまつわる文書史料を集成した文献のうち、主要なものを紹介したが、築城術ないし軍事技術の観点からこれを研究しようとする場合、台場の構造物それ自体についての実地調査が不可欠となる。東京市が昭和二（一九二七）年に刊行した『品川台場』は、三番と六番台場を中心に、当時まだ残存していた台場内部の諸施設を調査したもので、これらのほとんどが失われてしまった現在では、得難い記録となっている。

土木学会による『品川台場公園の保護と利用に関する調査研究報告書』（一九九二年）は、現存の三番・六番台場に対する学術的な実地調査の記録であり、特に台場の石垣部分に関して詳細な所見がまとめられている。同時に文書調査も実施し、多方面からの考察を試みているが、「品川台場築造の背景となった軍事技術」の項目に関しては、オランダ築城書の調査が全く行なわれていないこと、幕末当時の前装滑腔砲にまつわる諸元や運用に関しての基礎理論が理解されていないことの二点において、論及が不十分である。

港区教育委員会の『第一台場遺跡発掘調査報告書』（一九九九年）は、昭和三十八（一九六三）年に埋立撤去された一番台場の、基礎の一部について行なわれた発掘調査の記録である。同台場は、「基礎部分は残して埠頭地造成の補助とし、品川埠頭の高さに合わせて上部の石垣と土砂を撤去」(2)するという方法で埋没されたため、現在もその基礎構造物が地下に残存している。この時の調査では、石垣の基礎となる「十露盤敷《そろばんじき》土台」や、波除杭などが検出され、その構造を具体的に検証することができるようになった。

土木史の視点から幕末の台場に言及した古典的研究としては、土木学会の『明治以前日本土木史』（岩波書店、一九三六年）があり、この分野に関する学術研究の原点になっている。現代の研究手法は、発掘や測量などを通じて得られた遺構のデータをもとに、文書史料や既往の研究成果を包括的に検証するというスタイルが定着しつつあり、佐藤正夫『品川台場史考』（理工学社、一九九七年）がその代表的な文献といえる。

築城史の分野でも品川台場は研究対象としてしばしば取り上げられており、大類伸『城郭の研究』（日本学術普及会、一九三八年）や大類伸・鳥羽正雄『日本城郭史』（雄山閣、一九七七年）、浄法寺朝美『日本城郭史』（原書房、一九七一年）等がその概要について言及している。また幕末～明治期の洋式築城書に触れた研究として、升本清「幕末の築城」（『蘭学資料研究会研究報告』第一五一号、蘭学資料研究会、一九六三年十一月）がある。

品川台場はまた、それを「区」域に含む品川区や港区において、地方史の一部として取り上げられてきた歴史をもつ。品川区では戦前の『品川町史　上巻』（品川町役場、一九三二年）を皮切りに、文書史料の調査を中心とした『品川台場調査報告書』（品川区教育委員会、一九六八年）、『品川区史　通史編　上巻』（品川区、一九七三年）等を通じ、ローカルな視点からこれを考察している。

港区では、戦前の『芝区史』（芝区役所、一九三八年）や、戦後の『港区史　上巻』（港区役所、一九六〇年）を通じて品川台場の歴史に触れる傍ら、『海岸の歴史と風俗』（港区教育委員会、一九六六年）の中でこれに海防遺跡という位置づけを行なっているのが、大きな特色である。その後、一番台場の発掘調査が実施されたこともあり、港区立港郷土資料館がまとめた『台場――内海御台場の構造と築造――』（港区教育委員会、二〇〇〇年）では、土木史の視点を取り入れた研究成果が示されている。

一方、軍事史の視点から、品川台場のもつ砲台という本来の機能を分析した研究は、現在のところあまり多いとはいえず、原剛『幕末海防史の研究』（名著出版、一九八八年）、拙稿「江戸湾内海の防衛と品川台場」（『軍事史学』第三十九巻第一号、軍事史学会、二〇〇三年六月）が挙げられる程度である。もともと品川台場は、江戸湾の内海に進入した外国船に対し、守勢的な抑止力として機能することを目的に建設された、純粋な軍事施設だった。その戦力を実証的に分析することなしに、品川台場の意義を評価することはできないのではなかろうか。

さて、本書のメインテーマの一つである、品川台場への西洋築城術の影響という問題については、先行研究のほとんどが「江川氏秘記」と題する史料中の「台場之義ハエンゲルベルツノ製城書ニ所載ノ間隔連堡ノ内『レドウテン』ノ『リニー』ト申堡ニテ」[3]という件りを引用する水準にとどまっている。また、品川台場を設計するにあたって参考とされたオランダの築城書に関しても、江川文庫所蔵の「台場築造に用いた西洋書籍」[4]という史料に示された蘭書について、具体的に原書を探究しその内容を分析するまでに至っていない。

本書では、これらの蘭書を個々に探究し、日本側の文書資料や、品川台場（特に現存する三番と六番台場）の遺構と照合することを通じて、西洋築城術がどのような形で取り入れられていたのかを考察する。また、当時の軍事技術すなわち前装滑腔砲段階の火砲の性能や運用を踏まえて、品川台場の構造や配列について検証し、江戸湾内海の防衛計画とその有効性に関しても論及したい。

一般に、過去の軍事施設の意義を評価するにあたっては、それが建設された当時のリアルタイムの軍事技術を基準に置く必要がある。軍事技術は日進月歩であり、いかなる軍事施設もそれを使用して一定の時間が経過するうち、必ずどこかの時点で「旧式化」を迎える。品川台場についてみれば、一八五〇年代における前装滑腔砲段階の軍事技術に対応して建設された海堡だったが、一八六〇年代に入って前装施条砲が普及したことにより、竣工後一〇年を経ずして「旧式化」を迎える結果になったものといえるだろう。

註

（1）土木学会『品川台場公園の保護と利用に関する調査研究報告書』（土木学会、一九九二年）二一九頁。
（2）佐藤正夫『品川台場史考』（理工学社、一九九七年）一九一頁。
（3）勝安房編『陸軍歴史　上巻』（陸軍省、一八八九年）、「巻一〇」八四頁。
（4）韮山町史編纂委員会編『韮山町史　第六巻下』（韮山町史刊行委員会、一九九四年）六二〇～六二一頁。

Ⅰ．江戸湾湾口防衛の実相と限界

亀ヶ崎台場と日本の押送船

出典：Hawks, F. L., *Narrative of the Expedition of an American Squadron to the China and Japan* (Washington : A. O. P. Nicholson, 1856).

一、江戸湾防衛の変遷

鎖国体制下の日本で、外国船の来航に対する沿岸防衛という課題が取り上げられるようになったのは、寛政三（一七九一）年以降のことである。この時幕府は、「異国漂流船取計方之儀書付」を回達し、特に浜附の領地をもつ諸藩に対して沿岸警備の強化を下令した。その内容は、武力を背景とした厳重な外国船の臨検が指示される一方で、「見分等をも不拒趣ニ候ハバ、成丈穏ニ取計」(1)という方針が示されており、実質的には穏便策を基調とするものだった。

江戸湾における海防体制の構築が本格化するのは、文化七（一八一〇）年以降で、相州および房総の沿岸に家門・譜代の有力大名を配置し、有事に際しては周辺の中小藩がこれを補佐するという態勢がとられた。(2)江戸湾海防は、会津・白河二藩体制（文化七～文政三年）を皮切りに、ペリー来航へ至る四三年余りの間、幕府直轄体制（文政三年～天保十三年）、川越・忍二藩体制（天保十三年～弘化四年）、川越・彦根・会津・忍四藩体制（弘化四年～嘉永六年）という形で変遷をみた。この間、沿岸防衛の重点は江戸湾の湾口（相州側の観音崎と房総の富津を結ぶ線の南側）に指向され、防禦施設の要となる台場も、そのほとんどが浦賀海峡に面して設けられていた。

一方、海防の基本方針については、文化三（一八〇六）年の「おろしや船之儀ニ付御書付」(3)回達により、薪水給与を認めた緩やかな内容となったが、文政八（一八二五）年に至って「異国船乗寄候ハバ可打払旨御書付」(4)が発せられ、「異国船乗寄候を見請候ハバ、其所ニ有合候人夫を以、有無ニ不及、一図ニ打払」うという強硬策に変更された。

この「無二念打払令」の下、江戸湾では、幕命を奉じた浦賀奉行所が、日本人漂流民送還のために来航したアメリカ商船「モリソン号」を、野比沖で砲撃するという事件が発生した。その折の相州側の警備兵力は、浦賀奉行所の与力・同心が合計九二人[5]、助力となる川越藩の相州詰士卒が一一六人[6]という微弱なもので、防禦施設も観音崎・平根山の両台場と安房崎遠見番所の三カ所にすぎなかった。「モリソン号」事件では、相手が商船であったため軍事的衝突に至らず事なきを得たが、このような防禦体制で「打払い」を実行すること自体、無謀という以外の何ものでもなかった。

その後天保十三(一八四二)年に「異国船打払之儀停止御書付[7]」が回達され、「文化三年異国船渡来之節取計方之儀ニ付被仰出候趣相復し候」という形で、薪水給与令の復活が下令された。ただしこうした穏便策の下でも、江戸湾海防においては、「富津～観音崎まで侵入した場合は打沈める[8]」という防禦方針が、文化令以来ほぼ一貫して保持されていた。こうした幕府の海防政策に、さらなる変更が加えられるきっかけとなったのは、弘化三(一八四六)年のビッドル来航である。この直後、幕府は目付松平近昭らに江戸湾の防備視察を命じ、その報告をもとに各藩へ火力充実に重点を置いた防禦体制の強化を下令した。次いで弘化四(一八四七)年には、江戸湾沿岸の警備を担当する諸藩の再編が行なわれ、いわゆる御固四家体制へ移行する一方で、それまでの「打沈線」を廃止する旨の布達が発せられた。嘉永六(一八五三)年のペリー来航時、江戸湾海防はこの御固四家体制下にあり、その基本方針は外国船への退去説諭に比重を置いた穏便策だった。

本章では、嘉永六年のペリー来航時における江戸湾湾口の防衛に論点を絞って、台場を中心とする海防施設の設置状態を検討し、その防衛力の実相と限界について考察する。

註

（1）石井良助校訂『徳川禁令考　前集第六』（創文社、一九五九年）四〇一頁。
（2）江戸湾の防衛体制については、原剛「幕末における江戸湾の防衛」（『軍事史学』第二十二巻第四号、軍事史学会、一九八七年三月）を参照。
（3）前掲『徳川禁令考　前集第六』四〇三～四〇四頁。
（4）同右、四〇五頁。
（5）勝安房編『陸軍歴史　上巻』（陸軍省、一八八九年）、「巻一三」三六頁。
（6）「文政五年五月　川越藩相州警固差出人数書上」（神奈川県県民部県史編集室『神奈川県史　資料編一〇』神奈川県、一九七八年）五〇頁。
（7）前掲『徳川禁令考　前集第六』四〇五頁。
（8）原剛『幕末海防史の研究』（名著出版、一九八八年）一四頁。

二、御固四家体制下の海防施設

弘化四(一八四七)年二月十五日、徳川幕府は江戸湾の防衛強化を下令し、相州側に川越藩と彦根藩、房総側に忍藩と会津藩を配置した[1]。いわゆる御固四家体制とは、これら四藩による湾口警備体制を指すが、浦賀港周辺の警備は浦賀奉行所の所管となっており、実質的には五つの警備主体が存在していた。

御固四家体制下における海防政策は、天保薪水令にもとづく穏便策を基本としており、同年三月十四日には、改めて「相模国浦賀江異国船渡来のとき、乗留のこと是まて州の崎・城ヶ嶋をかきりしか今度これを止められ、たとひ富津の要所を乗越すとも、渡来の事情を尋察し、穏便に扱ひ、臨機の処置あるへき[2]」ことが下令された。

これは、従来の「乗止め検問線(安房崎―洲崎)」と「打沈め線(観音崎―富津)」を事実上廃止するということであり[3]、江戸湾警備それ自体が幕府の避戦外交を反映したものとなった。さらに嘉永五(一八五二)年五月二日、幕府は浦賀奉行の職務を「専ラ港内警備及外人応接[4]」へと集約し、外国船に対する説諭退去を重視した警備体制がとられるようになった。

その反面、御固四家体制下では、沿岸台場の整備と火力の増強が従来にない規模で実施された。洋式砲の配備や西洋流砲術の導入は、こうした海防強化の一端を示すものだが、それは列強の砲艦外交に対する抑止力という点に比重を置いたもので、直接的な武力衝突を想定したものではなかった(図Ⅰ-1)。

（1）浦賀奉行所

浦賀奉行所は、享保五（一七二〇）年に船改めという役割を担って設置されたものであるが、文政三（一八二〇）年に至って新たに海防の任務が付与されることとなった。そして翌文政四（一八二一）年四月、浦賀奉行所は会津藩から平根山・観音崎の両台場を引き継ぎ、与力・同心らを配置して警備にあたった。浦賀奉行所による両台場の警備は、観音崎台場が天保十四（一八四三）年まで、平根山台場が嘉永元（一八四八）年まで、それぞれ二〇年以上にわたって続いたが、この間天保八（一八三七）年六月には、前記の「モリソン号」事件が起きている。

天保十三（一八四二）年、川越藩が相州警備を一手に担当することになると、観音崎台場が浦賀奉行所から川越藩へ移管され、翌天保十四年二月に引き渡しが行なわれた。その一方で、会津藩が文化八～九（一八一一～一二）年に建設した鶴崎台場を、弘化二（一八四五）年に再整備し、同心を配置した。次いで嘉永元年には、千代ヶ崎と亀甲岸に新規の台場を建設した。注目すべきは、千代ヶ崎台場の備砲に洋式砲が加えられたことであろう。しかし嘉永五（一八五二）年五月二日、幕府は「西浦賀一帯ノ地ヲ彦根藩主井伊直弼掃部頭ノ警衛ニ付シ、浦賀奉行ヲシテ専ラ港内警備及外国人応接ノ事ニ膺ラシム」[5]ことを命じ、これに伴って千代ヶ崎台場は彦根藩へ移管された。ここにおいて浦賀奉行所の海防上の任務は、浦賀港の防衛へと集約されることとなった。浦賀奉行所では、明神崎と見魚崎《けんぎょざき》へ新規の台場を建設し、浦賀港を直接的に防禦する態勢を整えた。ペリー来航を迎えた嘉永六（一八五三）年時点で、浦賀奉行所がその管下に置いていた台場は、亀甲岸・明神崎・見魚崎・鶴崎の四カ所だった。

亀甲岸台場は嘉永元年に建設されたもので、[6]記録には「御番所脇亀甲形」[7]とあり、嘉永六年に増築されている。[8]備

八王寺山遠見番所
小坪村備場
秋谷村備場
荒崎台場
安房崎台場
大浦山台場
剣崎台場
掃山台場
千駄崎台場
鶴崎台場
千代ヶ崎台場
見魚崎台場
亀甲岸台場
明神崎台場
鳥ヶ崎台場
鳶巣台場
亀ヶ崎台場
十国台場
旗山台場
猿島台場
富津台場
七曲台場
大坪山台場
竹ヶ岡台場

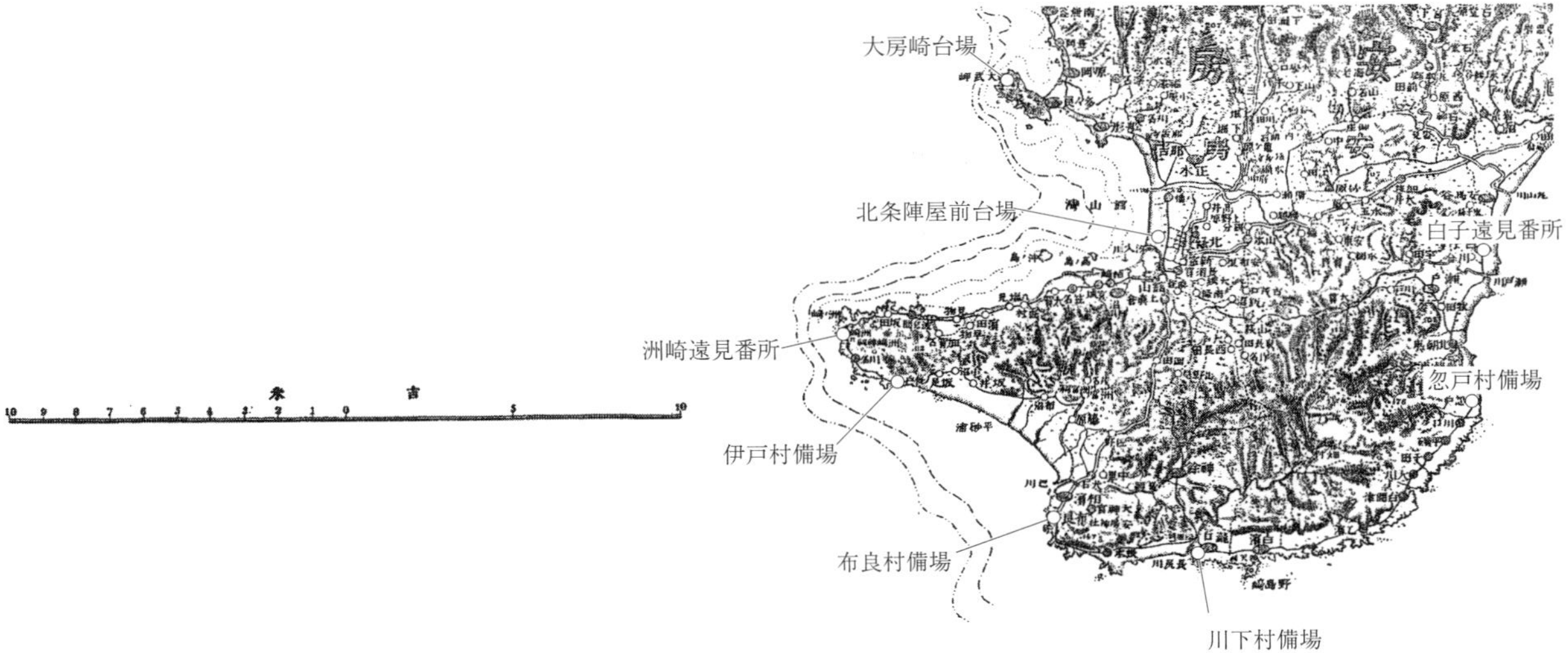

図Ｉ－1　御固四家体制下の海防施設（1853年）
「1/200000　第一師管相模三浦郡　横須賀」（陸地測量部、1898年）に加筆。
ペリーの第1次来航時における、江戸湾湾口の台場と備場を図示。平根山台場は既に廃止、観音崎台場も低地に移転して蔦巣台場と改称されている。

砲は当初、「三百目台付御筒二挺、三貫目炮烙筒[9]」の計三挺だったが、嘉永六年五月には「ホウイッツル筒二挺[10]」が加えられた。

明神崎台場は、嘉永六年に建設されたものだが、ペリーの第一次来航時には竣工に至っておらず、ペリー自身も『遠征記』の中で「艦隊の対岸にあたる高所に築造してゐる未完成堡塁の各部分が、肉眼で細部まで見ることを得た[11]」と述べている。同台場は「西洋風に新規造立[12]」したとされ、「上ハ六挺据、中段ニ隠台場と申もの有之、これに弐挺、また下に詰所有之、此土手後ロに一挺[13]」という形で火砲を配置していた。備砲の種類は次のようなものであった[14]。

上六挺

四貫五百目　南蛮鉄御筒

廿四ホントカノン
一八ホントカノン
ホンベンカノン
（以上三種）新キ下曽祢鋳立之もの

井上流十貫目

田付流五貫目

中段隠台場へ弐挺

カルロン　下曽祢鋳立之もの

カルロン　長崎廻り浦賀奉行所御預りニて千代崎へ廻り候もの

下段土手うしろへ

五十封度モルチール　下曽祢鋳立之もの

また、見魚崎台場は嘉永六年に竣工したものであり、次のような六門の火砲が配備されていた[15]。

一貫五百目南蛮鉄　一挺
一貫三百目同　一挺
一貫目　同　二挺
九百五十目同　一挺
五十ホンデンモルチール　一挺

これらの台場の備砲は、依然として和洋両流が混在するものだったが、港の外側に向かって広い射界をもつ明神崎台場には長射程のカノン砲、港内全体を射程に収める亀甲岸台場には中射程で破壊力の大きいホウイッツル砲が主力配備され、見魚崎台場は命中精度の高い和筒によって接近する艦艇を側射する態勢となっていた。また三台場とも大口径のモルチール砲を備え、港内に侵入した敵艦に対する近距離射撃も可能だった。

他方、鶴崎台場は「海中にあった大塚の傍の小塚と呼ばれる小島を削平して築造したもの[16]」といわれ、周囲に「石垣三尺程[17]」がめぐらされていた。浦賀奉行所の管下に入った当初、備砲は「大筒貫目以上三挺[18]」だったが、嘉永三(一八五〇)年の時点では「二四ホント船来カロナーデ砲一挺、二四ホント船来ホーウイツスル砲一挺、船来二四ホント長カノン一挺[19]」に交換されていた。

(2) 川越藩

相模国に浜附の分領をもつ川越藩(親藩・草高一七万石)では、徳川幕府による寛政令の発令と共に江戸湾海防とのかかわりを有してきたが、本格的な警備体制を確立するのは天保年間以降である。相州警備が川越藩一手に任されたのは天保十三（一八四二）年のことで、同藩では大津・三崎・鴨居に陣屋を建設して藩兵を常駐させると共に、観音崎・旗山・十国・安房崎の諸台場や八王寺山遠見番所を管下に置いて、外国船の警戒にあたった。

弘化四（一八四七）年二月十五日、徳川幕府が御固四家体制による江戸湾湾口警備の強化を発令すると、川越藩は、新たに相州へ派遣された彦根藩と持ち場を二分することとなり、安房崎台場と八王寺山遠見番所を彦根藩へ引き渡した。この時の持ち場替えにより、川越藩の警備担当地域は三浦半島の東南部に縮小された。嘉永六（一八五三）年の時点で、川越藩は旗山・十国・猿島・鳶巣・鳥ヶ崎・亀ヶ崎の諸台場を管下に収めており、その警備体制でペリー来航を迎えることになる。

旗山台場と十国台場は、天保十四（一八四三）年三月に着工、同年七月に竣工したものである。[20] 旗山台場は、別名走水台場とも呼ばれ、「水面より高サ一丈斗リ、広サ百四五十坪斗リの平地」に建設された。[21] 竣工当時の備砲は「貫目以上五挺」[22]だったが、弘化三（一八四六）年には、「拾貫目ホンヘン筒壱挺、弐貫目筒三挺、壱貫目筒弐挺、五百目筒壱挺」[23]となった。また十国台場は、旗山と「山続の地先の鼻を百坪斗リ切平けたる場所」[24]に建設され、竣工時には一貫目筒三挺と二貫目筒二挺を備えていた。[25] しかし弘化三年には、「壱貫目筒弐挺、五百目筒三挺」[26]となり、さらに嘉永三（一八五〇）年になると「壱貫目玉筒壱挺、八百目玉筒壱挺、五百目玉筒三挺」[27]という形で、漸次火力を減じた。

猿島台場は、「弘化四未の年八月御取建始り十一月に成」[28]ったもので、大輪戸・亥の崎・卯の崎という三カ所の砲台から構成されていた。[29] 備砲は、大輪戸に「三貫目玉弐挺、五百目玉壱挺、三百目玉壱挺」、亥の崎に「三貫目玉壱挺、壱貫目玉壱挺、三百目玉四挺」、卯の崎に「五百目玉弐挺、壱貫目玉壱挺」の計一三挺が配備されていた。[30]

嘉永三年十二月、幕府から川越藩に対し、観音崎台場の鳶巣への移転と、鳥ヶ崎および亀ヶ崎への台場新設が下令された。これらの工事に際しては、「都而　公儀御入用を以御普請被成下」こととされ、併せて各台場の備砲や弾薬なども幕府から借用することになっていた。[31]鳶巣台場は、観音崎台場の立地が「水際より二十間余」という高台で「打払不便利」だったことから、[32]その下方の鳶巣崎へこれを移転したものである。このため竣工後も、観音崎台場と呼ばれることがあった。工事は「嘉永五子の年正月事始八月に至りて成功」[33]と記録されており、竣工後に幕府から川越藩へ引き渡された。また、鳥ヶ崎・亀ヶ崎の両台場もこれとほぼ同時進行の形で建設され、鳶巣台場と一緒に引き渡しが行なわれた。

なおこれら三カ所の台場を建設するにあたり、川越藩では「之を洋式に改めんこと」[34]を幕府に要請したが、実現されなかった。これは、幕府が台場の建設工事を地元に請負わせる形をとったため、洋式の築城法に対応できなかった結果と考えられる。次いで嘉永四（一八五一）年一月、幕府は新設予定の鳶巣・鳥ヶ崎・亀ヶ崎の諸台場に配備するため、川越藩へ「三貫目筒壱挺、貳貫目筒四挺、壱貫目筒五挺」[35]を貸与する旨通達した。

鳶巣台場の備砲は、当初「七挺据」であったと記録されており、これは観音崎台場から移転した五挺に、幕府から借用した二挺を加えたものであろう。さらに嘉永六年五月にも、改めて幕府から火砲の貸与を受けた記録があり、[36]その際鳶巣台場の備砲は洋式砲に交換されたものと考えられる。同台場は、安政元（一八五四）年四月一日に川越藩から熊本藩へ引き渡されることとなったが、その直後の六月時点で「八〇ポンド、六〇ポンド、二四ポンド各一門、一八ポンド二門、一五トヨミ（ドイム）一門、一二トヨミ（ドイム）二門」[37]が配備されていたことが伝えられている。これらの洋式砲は、熊本藩が台場と共に川越藩から引き継いだものであろう。

鳥ヶ崎台場の備砲は「五挺据」[38]とあり、竣工と同時に幕府から貸与された前記の和筒が据え付けられたものと考えられる。その後嘉永六年五月に洋式砲が加えられ、安政元年六月時点の記録には「洋式砲一門戸外に五門」[39]とある。

また亀ヶ崎台場の備砲は「三挺据[40]」とされており、これらは幕府から備用した和筒のうち「二貫目筒一挺、一貫目筒二挺[41]」を据え付けたものだった。

(3) 彦　根　藩

近江国を本領とする彦根藩（譜代・草高三二万石）が江戸湾警備の任に就いたのは、弘化四（一八四七）年のことである。同年二月十五日に相州警備の命を受けた彦根藩は、二千余人の藩兵を現地に派遣すると共に、上宮田へ本陣を置き、久里浜から腰越にかけて、三浦半島西南部沿岸の警備にあたった。その際、彦根藩は八カ所の台場を管下に収めたが、これらは川越藩から引き継いだ安房崎台場と八王寺山遠見番所、弘化年間に新設した千駄崎・剣崎・荒崎の三台場、嘉永年間に入って建設された大浦山・撫山《ほうきやま》の両台場、浦賀奉行所から引き継いだ千代ヶ崎台場から構成されており、この警備体制でペリーの第一次来航を迎えることになる。

安房崎台場は、もともと会津藩が城ヶ崎の東端（小字・安房崎）へ建設したもので[42]、弘化四年八月に川越藩から彦根藩へ移管された。当初の備砲は「拾貫目狼煙御筒壱挺、三貫目筒壱艇、壱貫目筒壱艇[43]」だったが、嘉永三（一八五〇）年には「ハンドモルチール三貫目筒（高島流）壹挺、壹貫目玉筒（新稲富流）壹挺、カノン壹貫目筒（荻野流）壹挺[44]」となった。八王寺山遠見番所も川越藩から引き継いだもので、その備砲は嘉永三年時点で「ハンドモルチール三貫目筒（高島流）壹挺、四百目玉筒（柴田流）壹挺、壹貫目玉筒（新稲富流）壹挺[45]」となっていた。

千駄崎台場は、弘化四年三月十九日に幕府が新設を決定し、同年十一月十六日の竣工と同時に彦根藩へ引き渡されたものである[46]。備砲は当初、「拾貫目狼煙筒壱挺、七貫目筒壱挺、拾三貫七百目筒壱挺、三貫目筒三挺、弐貫目筒弐挺、壱貫目筒三挺[47]」であった。その後嘉永三年には、「モルチール拾三貫七百目筒（高島流）壹挺、三貫目玉筒（稲富一夢流）壹挺、貳貫目玉筒（藤岡流）壹挺、五貫五百目葛農筒（二十四封度カノン）壹挺、貳百目玉筒（藤岡流）壹挺、三貫目玉筒（荻野流）壹挺、三貫目玉筒（柴田流）壹挺、壹貫目玉筒（柴田流）壹艇、貳貫目玉筒（新稲富流）壹挺、壹貫目玉筒（荻野流）貳挺、拾貫目狼烟筒壹挺[48]」となった。

剣崎・荒崎の両台場は、彦根藩が弘化年間に陣場として火砲を配置し、嘉永年間に入って台場としての体裁を整えたものである。ペリーの『遠征記』中、「湾口には立派な要塞が築かれてゐるらしく、丘陵の上や突出してゐる相模岬の上には侮り難い砲台があった[49]」と記されているのは、剣崎台場と後述する大浦山台場を指すものと思われる。備砲についてみると、剣崎台場には「モルチール三拾六貫目（高島流）壹挺、壹貫目玉筒（藤岡流）四挺」、荒崎台場には「三百目玉筒（太田流）壹挺、四百目玉筒（荻野流）壹挺、壹貫目玉筒（藤岡流）壹挺」が据え付けられていた[50]。

大浦山と箒山の台場も、彦根藩が嘉永年間に新設したものである。大浦山台場は、既設の剣崎台場と並ぶ形で、湾口の入口の警備を強化する目的を以て建設された。また箒山台場は、「長沢海岸の砂丘を削平し土俵を積んだ玉除土手の間に砲をならべて雨覆をかぶせ周に木柵をした程度[51]」の、比較的小規模なものだった。大浦山台場の備砲は「ホウイッスル拾三貫七百目筒（高島流）壹挺、壹貫目玉筒（太田流）壹挺、八百目玉筒（太田流）壹挺」、箒山台場の備砲は「ホウイッスル六貫目筒（高島流）壹挺、壹貫五百目玉筒（武衛流）壹挺、壹貫目筒（藤岡流）壹挺」であった[52]。

嘉永五（一八五二）年五月二日、幕命により浦賀奉行の職務が「専ら港内警備及外人応接[53]」へと集約されたことに伴って、西浦賀一帯の警備が彦根藩へ一任された。同時に浦賀奉行所の建設した千代ヶ崎台場が彦根藩へ移管されることとなり、備砲ごと引き渡しが行なわれた。同台場は、平根山の東麓海岸に設けられた低地砲台で、その構造については、「玉除土居下地惣体竹ニ而　土砂利を外面は芝上、高サ凡六尺、敷三間程、銃眼内幅凡六尺、外開キ凡丈余[54]」

とある。備砲に関しては、一部浦賀奉行所へもどされたものもあり、彦根藩の管下では、次のようなものが据えられていた。[55]

ホウヰツスル拾三貫七百目	一挺
カルロンナーテ七貫五百目	一挺
モルチール拾三貫七百目	一挺
ホウヰツスル六貫五百目	一挺
狼煙五貫目	一挺
弐貫目	一挺
壱貫目	六挺
南蛮壱貫五百目	一挺
八百目	一挺
五百目	一挺

彦根藩が相州警備を担当するにあたり、台場の建設を指導したのは、同藩内で武衛流の砲術家として知られていた河上吉太郎と肥田久五郎であった。[56]彦根藩の台場については、「浦賀処々陣屋大銃台場略記（嘉永三年八月）[57]」や、井伊家文書に含まれる絵図等[58]により、具体的な形状を知ることができるが、洋式の築城法によるものがみあたらないのはこのためであろう。

このほか彦根藩では、秋谷村と小坪村へ、それぞれ「三百目玉筒」二挺と「貳百目玉筒」一挺を預け[59]、有事の際に臨時の備場を設けることを計画していた。これらは「予定地に平地が選定され芝原のままになっていた[60]」といわれ、特に施設を築造していなかった。

(4) 会津藩

天保十三(一八四二)年以来忍藩が単独で担当してきた江戸湾湾口の房総側警備に、会津藩を加える旨の幕命が下されたのは、弘化四(一八四七)年二月十五日のことである。[61] 次いで三月には両藩の持ち場区分が行なわれ、「安房国平塩入村・坂之下村辺より上総国周准郡富津村辺迄」[62]が会津藩の警備担当区域と定められた。同年六月、会津藩では「番頭以下将士三百余人」[63]に房総常詰を命じ、現地に派遣した。房総警備にあたって会津藩は、先任の忍藩から富津の台場と陣屋ならびに竹ヶ岡の台場と陣屋を引き継ぎ、小久保の七曲にも台場を新設した。ペリーの第一次来航時、会津藩はこの警備態勢で海防の任にあたっていた。

富津台場は、もともと白河藩が文化八(一八一一)年に建設したもので、これを管下に置いた会津藩では、嘉永元(一八四八)年に洲の東端へ新たな砲座を増築した。備砲については、移管当初から洋式砲を交えた構成となっており、嘉永四(一八五一)年に江川太郎左衛門へ鋳造を依頼したペキサンス砲なども加え、[64] 次のようなものが据えられていた。[65]

拾七貫三百目玉ヘキザンス	壹挺
拾五貫目玉モルチール筒	壹挺
七貫目玉ホウイツスル筒	壹挺
四寸径ハンドモルチール筒	壹挺
三寸五分径モルチール	壹挺

拾貫目玉筒　壹挺
五貫目玉筒　壹挺
貳貫目玉筒　壹挺
壹貫目玉筒　六挺
八百五十目玉筒　壹挺

富津陣屋も白河藩によって建設されたものであり、富津・七曲両台場の守備にあたる会津藩兵の詰所となっていた。房総警備に際して、会津藩は、「我の小船を以て彼の大艦に敵するは難し」[66]との現実的判断を踏まえ、万一外国船との交戦に及んだ場合には「陸地からの砲撃、両岸から打ち続けて相手を疲労困憊させて退散させる」[67]ことを基本戦法としていた。また藩兵の主力は上陸して来る敵を海岸で迎撃することに向けられ、それに備えた練兵が繰り返し行なわれた。このため富津陣屋には「五十目玉筒」から「五百目玉筒」に至る大筒が三九挺、「一五匁玉筒」から「三十目玉筒」に至る中筒が六八挺、「三匁五分玉筒」から「十匁玉筒」に至る小筒が三九〇挺、大筒用の「棒火矢」二八二本が配備されていた[68]。

竹ヶ岡台場は、白河藩が文化八年に造海城址へ建設したもので[69]、山腹の高地に築かれた陰の台場と、低地砲台である十二天の鼻台場・石津浜台場の計三カ所から構成されるものであった[70]。これらを引き継いだ会津藩では、次のような火砲を配備した[71]。

拾五貫目玉モルチール筒　壹挺
七貫目玉ホーイツスル筒　壹挺
四寸径ハンドモルチール筒　壹挺

三寸五分径モルチール　壹挺
拾貫目玉筒　三挺
五貫目玉筒　壹挺
貳貫目玉筒　貳挺
壹貫目玉筒　六挺

竹ヶ岡陣屋も、文化八年に白河藩が建設したものである。同藩が「陣営は百首に置き之れを竹ヶ岡と改」[72]めたのに因み、翌文化九(一八一二)年に百首村は公式に竹ヶ岡と改称された、とのいわれをもつ。竹ヶ岡陣屋にも、陸戦に備えて大筒三〇挺・中筒五六挺・小筒一二八艇・大筒用の「棒火矢」約三〇〇本が配備されていた。[73]また七曲台場は、嘉永四ないし五（一八五一～五二）年に新設されたものである。備砲は六門とされるが、[74]砲種についての記録は現存していない。別名小久保台場とも呼ばれた。

房総警備にあたり、会津藩では、長沼流の兵法師範黒河内高定を軍事奉行として派遣し、守備の方策を担当させた。ただし築城法については、長沼流兵法の中にその指針となる教則がないため、『兵要録』中の「練兵」を習得した者に対し、「山神流の築城法の内平山城、平城、山城の三法」[75]の講習を行なっていた。会津藩時代の富津・竹ヶ岡両台場を描いた絵図として、「江戸防備諸炮台之図」[76]に含まれる二枚の彩色図があるが、こうした事情から洋式の築城法にもとづく点は認められない。

他方、上総国に本領をもつ佐貫藩は、大坪山へ「石垣ニ而築立候台場」を建設し、「大筒三挺」を据え付けると共に、「大小筒七挺」を非常用意のため備えていた。[77]砲種は不明だが、「丸太を黒く塗ったもの」[78]があったとの伝承も存在しており、木砲が配備されていた可能性もある。

（5）忍　藩

忍藩《おしはん》（親藩・草高一〇万石）が幕命によって房総警備の任に就いたのは、天保十三（一八四二）年のことである。同藩の担当区域は「上総の富津崎より大房（富浦）・北条に至る海岸」(79)とされ、富津の台場と陣屋、竹ヶ岡の台場と陣屋、白子遠見番所、洲崎《すのさき》遠見番所を管下に置いて、三〇〇人余の藩兵を常駐させた。(80)その後、弘化四（一八四七）年に会津藩が房総警備へ加わると、忍藩の担当区域は安房国（房総半島南端）に縮小された。この時の持ち場替えにより、忍藩は富津・竹ヶ岡の台場と陣屋を会津藩へ引き渡す一方で、大房崎《だいぶざき》への台場新設や北条陣屋の改修を行なった。ペリーの第一次来航時、忍藩では大房崎台場・洲崎遠見番所・白子遠見番所・北条陣屋前海岸の備場を管下に収め、伊戸・川下・布良・忽戸の各村へ大筒を用意して、海防の任にあたっていた。

大房崎台場は弘化四年に新設されたもので、一之台場から三之台場に至る三つの砲台によって構成されていた。備砲は次のようなものであり、(81)その中には富津・竹ヶ岡の両台場から移転した火砲も含まれていた。(82)

一之御台場
六貫目玉筒　壹挺
三貫目玉筒　壹挺
壹貫目玉筒　三挺
二之御台場
六貫目玉筒　壹挺

拾貫目玉筒　壹挺
壹貫目玉筒　壹挺
三之御台場
モルチール拾三貫七百目玉筒　壹挺
壹貫目玉筒　壹挺
五百目玉筒（別段山上に配置）　壹挺

洲崎遠見番所は、白河藩が文化八（一八一一）年に建設したもので、天保十三（一八四二）年に忍藩が引き継いだ後、嘉永六（一八五三）年まで同藩の管下にあった。備砲は「壹貫目玉筒」三挺と「五百目玉筒」二挺であった(83)。白子遠見番所も白河藩によって建設されたもので、忍藩は弘化四年から嘉永六年までここを管下に置いた。備砲は「五百目玉筒」二挺、「貳百目玉筒」一挺、「三百目玉筒」二挺、「貳百目玉筒」一挺の計六挺だった(84)。

北条陣屋は、弘化四年八月に忍藩が建設したものである(85)。その規模は「東西二町二十間、南北二町」の敷地に、本陣・地方役所・馬場・稽古場と共に長屋二一棟を建て、房州詰の藩士一五〇人とその家族が居住するという、比較的大型のものだった(86)。北条陣屋前の海岸にも備場が築かれており、「壹貫五百目筒・壹貫目筒」各一挺と「五百目筒」二挺が配備されていた(87)。また北条陣屋の武器蔵には「三百目より三匁五分迄」の大筒・中筒・小筒が計八九四挺備えられ(88)、有事に際して出動する藩兵の持筒となっていた。

このほか忍藩では、伊戸村へ「壹貫目玉筒」一挺・「三百目玉筒」二挺・「貳百目玉筒」一挺、川下村へ「五百目・三百目・貳百目玉筒」各一挺、布良村へ「五百目玉筒」一挺と「三百目玉筒」二挺、忽戸村へ「貳百目玉筒」三挺を用意し(89)、有事の際には臨時の備場を設けて沿岸警備を補う態勢をとっていた。

註

（1）東京大学史料編纂所『維新史料綱要　巻二』（東京大学出版会、一九八三年）六二～六三頁。
（2）箭内健次編『通航一覧続輯　第五巻』（清文堂、一九七三年）三五頁。
（3）原剛『幕末海防史の研究』（名著出版、一九八八年）一四～一五頁。
（4）前掲『維新史料綱要　巻二』三五八頁。
（5）同右、三五八頁。
（6）前掲『通航一覧続輯　第五巻』一二五頁。
（7）赤星直忠『横須賀市史№８　三浦半島城郭史　上巻』（横須賀市教育委員会、一九五五年）八五頁。
（8）藤井甚太郎「江戸湾の海防史」（日本地理学会編『武相郷土史論』有峰書店、一九七二年）三四一頁。
（9）前掲『三浦半島城郭史　上巻』八五頁。
（10）浦賀近世史研究会編『南浦書信』（未来社、二〇〇二年）二四頁。
（11）土屋喬雄・玉城肇訳『ペルリ提督　日本遠征記（二）』（岩波書店、岩波文庫、一九四八年）二〇四頁。
（12）前掲『通航一覧続輯　第五巻』一三七頁。
（13）前掲『南浦書信』二三頁。
（14）同右、二三～二四頁。
（15）前掲『通航一覧続輯　第五巻』一三七～一三八頁。
（16）前掲『三浦半島城郭史　上巻』九二頁。
（17）「相房御固場艸稿」（金沢文庫蔵）。
（18）同右。
（19）杉本勲ほか編『幕末軍事技術の軌跡――佐賀藩史料〝松乃落葉〟――』（思文閣、一九八七年）四八頁。
（20）「相中留恩記略　附録」（金沢文庫蔵）。
（21）「浦賀見聞誌」（山本詔一編『三浦半島見聞記』横須賀市、一九九九年）六頁。
（22）前掲「相房御固場艸稿」。

(23)「弘化三年九月　相州備場人数武器書上」（神奈川県県民部県史編集室『神奈川県史　資料編一〇』神奈川県、一九七八年）一二九頁。以下「弘化三年書上」と略記する。
(24) 前掲「浦賀見聞誌」六頁。
(25) 前掲「相房御固場艸稿」。
(26)「弘化三年書上」一二九頁。
(27)「嘉永三年近海御備向見聞」（勝安房『陸軍歴史　上巻』陸軍省、一八八九年）、「巻一〇」五頁。以下「嘉永三年見聞」と略記する。
(28) 前掲「相中留恩記略　附録」。
(29) 前掲「浦賀見聞誌」五頁。
(30) 同右、五頁。
(31)「嘉永三年十二月　三浦郡観音崎台場移築につき達書」（前掲『神奈川県史　資料編一〇』）一六一頁。
(32)「浦賀湊略図」（前掲『三浦半島見聞記』）二三頁。
(33) 前掲「相中留恩記略　附録」。
(34) 前掲『維新史料綱要　巻一』三〇九頁。
(35) 前掲『通航一覧続輯　第五巻』一二六頁。
(36) 前掲『維新史料綱要　巻一』四一二頁。
(37) 前掲「江戸湾の海防史」三五〇頁。
(38) 前掲『通航一覧続輯　第五巻』一二六頁。
(39) 前掲「江戸湾の海防史」三五〇頁。
(40) 前掲『通航一覧続輯　第五巻』一二六頁。
(41) 前掲『三浦半島城郭史　上巻』八一頁。
(42) 相武史料刊行会編『新編相模風土記』（相武史料刊行会、一九〇三年）九〇二頁。
(43)「弘化五年二月　相州備場武器人数書付」（前掲『神奈川県史　資料編一〇』）一九三頁。以下「弘化五年書付」と略記する。
(44)「嘉永三年見聞」、「巻一〇」九頁。
(45) 同右、「巻一〇」一〇頁。

(46) 前掲『維新史料綱要　巻二』六七・一一六頁。
(47) 「弘化五年書付」一九三〜一九四頁。
(48) 「嘉永三年見聞」、「巻一〇」六〜七頁。
(49) 前掲『ペルリ提督　日本遠征記（二）』一八五頁。
(50) 「嘉永三年見聞」、「巻一〇」八〜九頁。
(51) 前掲『三浦半島城郭史　上巻』九六頁。
(52) 「嘉永三年見聞」、「巻一〇」八頁。
(53) 前掲『維新史料綱要　巻二』三五八頁。
(54) 前掲「浦賀湊略図」二三頁。
(55) 「西洋方手扣（写本）」中の、千代ヶ崎御台場備筒による（著者蔵）。
(56) 中村直勝『彦根市史　中冊』（彦根市役所、一九六二年）六八五頁。
(57) 彦根市立図書館蔵。
(58) 彦根城博物館蔵。絵図の復刻は、佐々木克編『幕末維新の彦根藩』（彦根市教育委員会、二〇〇一年）を参照のこと。
(59) 「嘉永三年見聞」、「巻一〇」一一頁。
(60) 前掲『三浦半島城郭史　上巻』一〇五頁。
(61) 前掲『維新史料綱要　巻一』六二一〜六三頁。
(62) 前掲『通航一覧続輯　第五巻』一九五頁。
(63) 飯沼関弥編『会津松平家譜』（自家版、一九三八年）二〇七頁。
(64) 同右、二一三頁。
(65) 「安房上総御備え差置候兵器之覚」（前掲『陸軍歴史　上巻』）、「巻一〇」一八〜二一頁。
(66) 前掲『会津松平家譜』二一一頁。
(67) 会津若松市編『会津若松市史　六』（会津若松市、二〇〇三年）五九頁。
(68) 前掲「安房上総御備え差置候兵器之覚」、「巻一〇」一八〜二一頁。
(69) 君津郡教育会編『君津郡誌　上』（名著出版、一九七二年）六八五頁。
(70) 富津市編『富津市史　通史』（富津市、一九八二年）六五四〜六五七頁。竹ヶ岡台場の遺構については、千葉県教育委員会

編『千葉県中近世城跡研究調査報告書』（千葉県教育委員会、一九九五年）を参照。
(71) 前掲「安房上総御備え差置候兵器之覚」、「巻一〇」一八～二二頁。
(72) 前掲『君津郡誌　上』六八五頁。
(73) 前掲「安房上総御備え差置候兵器之覚」、「巻一〇」一八～二二頁。
(74) 前掲『富津市史　通史』六五八頁。
(75) 小川渉『会津藩教育考』（東京大学出版会、一九七八年）二四八頁。
(76) 船橋市西図書館蔵。全一二枚のうち「上総富津炮台　会津持」と「上総竹ヶ岡炮台　会津持」の二枚である。
(77) 前掲『陸軍歴史　上巻』、「巻一五」一六頁。
(78) 同台場について前掲「相房御固場艸稿」では「八幡山台場」とし、備砲を「大筒三挺　玉目不知」と記している。
(79) 前掲『富津市史　通史』六六〇頁。
(80) 埼玉県編『埼玉県史　第六巻』（埼玉県、一九三七年）一〇一頁。
(81) 埼玉県編『新編埼玉県史　通史編四　近世二』（埼玉県、一九八三年）七一八頁。
(82) 前掲「嘉永三年見聞」、「巻一〇」一三頁。
(83) 行田市郷土博物館編『幕末の忍藩』（行田市郷土博物館、二〇〇四年）六頁。
(84) 前掲「嘉永三年見聞」、「巻一〇」一三～一四頁。
(85) 同右、「巻一〇」一五頁。
(86) 行田市史編纂委員会『行田市史　下』（行田市役所、一九六四年）一一四頁。
(87) 前掲『幕末の忍藩』六頁。
(88) 前掲「嘉永三年見聞」、「巻一〇」一六頁。
(89) 同右、「巻一〇」一六頁。
同右、「巻一〇」一四～一五頁。

三、江戸湾湾口の防禦力

江戸湾の沿岸に海防のための台場が建設されるようになったのは、文化七（一八一〇）年以降のことであるが、そこに配備された火砲のほとんどは、嘉永年間に入るまで在来の和筒だった。これらを運用するための和流砲術は、「長い鎖国で砲の進歩も、射法の進歩も何一つないままに、激動の幕末に入っていった[1]」と評されるように、一九世紀前半において既にその技術が陳腐化していた。

天保八（一八三七）年、浦賀奉行所の与力・同心らによるアメリカ商船「モリソン号」への砲撃事件が発生した。その際、平根山台場から行なった砲撃では命中弾を得られず、野比村海浜からの砲撃によって若干の命中弾を得たものの、「モリソン号」に決定的なダメージを与えることはできなかった[2]。「モリソン号」事件で使われたのは、三百目・百目・五十目玉の和筒である。これらは概ね一、〇〇〇メートル内外の射程距離をもち、命中精度が比較的高いという特質を有していたが、小口径の鉛製実弾《すだま》しか使用されなかったという点で、海防用（対艦船用）の火砲としては威力不足だった。

また和流砲術は、流派ごとに行なわれる口授・相伝という閉鎖的修錬によって、「術芸の妙を会得[3]」することに比重が置かれており、火砲の規格化や運用技術の標準化を基礎とする近代砲術とは大きな違いがあった。このことは、器材や人員の消耗を前提とした西欧列強の近代戦法に対し、武器弾薬の補給や砲員の補充という面で劣位にあることを意味した。

江戸湾沿岸の台場に洋式砲が配備されるようになったのは、御固四家体制下においてである。特に嘉永三(一八五〇)年九月、老中阿部正弘が「海岸守衛心得」のために蘭学を認める旨の触書を発してからは[4]、海防にあたる諸藩の間で、西洋流砲術の導入が積極化した。幕末当時、西洋流砲術の内容については、「精密ナル発射ノ試効及器械弾薬ノ尺度斤量各種ニ随テ長短軽重皆定則アリ[5]」という形で、規格化・標準化をその特色とするものであることが認識されていた。江戸湾海防にあたる浦賀奉行所や諸藩は、高島秋帆が創始した和洋折衷の一流派を在来の和流砲術と併用する形で、西洋流砲術の摂取に努めた。

(1) 西洋流砲術の導入

幕末の日本へ西洋の近代砲術を紹介したのは、長崎町年寄で出島に出入する特権をもっていた高島四郎太夫(秋帆)である。同人はオランダ商館長ステュルレル(Sturler, J. W.)から文政年間に砲術を学び、天保年間に至って独自の流派を立てた[6]。高島秋帆の門下では、「荻野流・同新流・高島流・西洋銃陣」が教授科目となっており、このうち「高島流」が西欧の近代砲術、「西洋銃陣」が歩兵の戦法であった[7]。天保十二(一八四一)年、高島秋帆は幕命により武州徳丸原で展示演習を行なったが、鳥居耀蔵らの讒訴により、翌天保十三(一八四二)年に拘引・処罰を受けることとなった。

高島秋帆が検挙されてのち、高島流の砲術と銃陣は、彼の有力な門人であった江川太郎左衛門(坦庵)や下曽根金三郎(威遠)らによって継承された。御固四家体制下、江戸湾警備に携わった浦賀奉行所と諸藩では、江川もしくは下曽根の門下から教師を招聘したり、そこへ家臣を派遣したりして西洋流砲術の導入を行なった。

浦賀奉行所では文政年間以降、折からの海防という新たな職務に臨んで、与力・同心への砲術稽古を実施するようになった。ただしその内容は、井上流や田付流といった和流砲術であり、所管の台場へ配備された火砲も全て在来の和筒だった。浦賀奉行所が西洋流砲術の導入を開始するのは、江戸湾湾口における海防体制の再編が行なわれた弘化四（一八四七）年のことであり、「海陸備打調練」(8)が同心・与力に施されるに至った。そして翌嘉永元（一八四八）年には三門のハンドモルチール(9)、次いで嘉永二（一八四九）年には「異国剣付筒」(10)五〇挺が配備されることとなった。

またこの年、下曽根金三郎とその門下に対し、「炮術教授として浦賀表え被差越候」(11)旨の幕命が下された。浦賀奉行所では招聘教師の指導の下、西洋流砲術の稽古を本格化し、従来の井上流・田付流と並ぶ一流派としてこれを定着させていった。かくて嘉永年間に浦賀奉行所の所管となった諸台場には洋式砲が配備されるに至り、嘉永六（一八五三）年五月時点で、四カ所の台場に据え付けられた一九門の火砲のうち、洋式砲は一二門を占めていた。

川越藩による相州警備は天保十四（一八四三）年以降本格化するが、同藩の砲術は従来の和流砲術が主で、「当所に鉄炮方弐人弐流有、壱人ハ外記流ニて公務炮術方井上家門人也、壱人ハ武衛流の由――外記流最も猿島・旗山・十国、此三ヶ所御台場多しといふ、外記流の持也、武衛流は観音崎斗り也(12)」との状況だった。川越藩が西洋流砲術の導入に着手するのは弘化四年以降であり、岩倉鉄三郎・肥田波門・肥田金之助・鹿沼泉平の藩士四人を江川太郎左衛門の韮山塾へ入門させている(13)。

相州警備の現場に西洋流砲術導入の動きがあらわれるのは嘉永三（一八五〇）年で、同年十二月に鳶巣・鳥ヶ崎・亀ヶ崎の諸台場新設が決まると、川越藩では「之ヲ洋式ニ改メンコト(14)」を幕府へ請求した。結果的にこの要求は容れられなかったが、嘉永四（一八五一）年六月には藩士吉村平人が主立世話役となって西洋流砲術の導入は推進されてゆく。そして嘉永六年五月には「大砲十門ヲ幕府ニ借ル。尋デ十六日之ヲ観音崎・亀ヶ崎又鳥ヶ崎諸台場ニ配備ス(15)」という形で、それまでこれらの台場に据え付けられていた和筒の一部を洋式砲に変更した。

なお同藩の西洋流砲術は「台場警備で用いられたものの、藩の軍制には採用されず[16]」相州の諸台場でも和流の諸流派と並存する状況が続いた。ペリーの第一次来航時、川越藩は六カ所の台場に総計四二門の火砲を配備しており、このうち洋式砲は九門を数えた。

彦根藩では、相州警備の命を受けた直後の弘化四年三月、中村文内・尾崎勘三郎・北村清三郎・中沢宇三郎・小田軍次らに西洋流砲術を学ばせた[17]。また江川太郎左衛門の韮山塾へ、津田十郎・堤勘左衛門・柳沢右源太・一瀬田大蔵・一瀬豊彦・一瀬一馬・藤枝勇郎らを入門させており[18]、このうち堤勘左衛門と柳沢右源太が嘉永五年に免許皆伝となった[19]。また同藩は嘉永三年三月、高島秋帆の高弟成瀬平三を召し抱え、相州諸台場の整備にあたらせた[20]。彦根藩持台場の備砲が、洋式砲を加えつつ嘉永三年時点で整うのは、成瀬の尽力によるところが大きかったものと思われる。

嘉永六年のペリー来航時、彦根藩は八カ所の台場と二カ所の備場に五四門の火砲を備えており、そのうちの一二門が洋式砲だった。相州警備にあたる彦根藩には、新稲富流・荻野流・柴田流・稲富一夢流・藤岡流・太田流・武衛流・井上流・田付流といった和流砲術が混在しており、西洋流砲術はそれらと並ぶ一流派に位置づけられていた。

会津藩は、天明八（一七八八）年以来長沼流の兵法にもとづいて軍制を整えてきた[21]。幕末に至って「長沼流兵学の構成運用が当時の西洋兵法学に対応できると考えられた[22]」こともあり、同藩の兵法は一躍脚光を浴びた。房総警備にあたって会津藩は、軍事奉行として長沼流の兵法師範黒河内高定を現地に派遣し、砲術指導を行なわせた。その準縄となったのは長沼澹斎の著した『兵要録』で、「陣法節制取於漢土、弓馬鎗刀仍　本朝之旧、大小火器取洋夷長、本末備具細大不遺、実兵家之模範也[23]」という教義をもとに、西洋流砲術の導入が図られた。

嘉永三年時点で富津・竹ヶ岡の両台場に洋式砲が配備されているのはそのあらわれで、稲富流・種子島流・自由斎流・夢想流といった和流砲術の一角に、西洋流砲術が加わる形となった。会津藩には、天保年間に高島流を学んだ山本良重があり[24]、また房総警備の命を受けた弘化四年に江戸で洋式砲の鋳造を行なった小平左隅・柴田忠らがいた[25]。同藩が房総警備に際して管下に収めた台場は三カ所で、そこに配備された三〇門の火砲のうち、洋式砲は九門だった。

忍藩には、嘉永年間以前に西洋流砲術を学んだ藩士として、井狩作蔵がいた。同人は天保年間に韮山塾へ入門し、弘化二(一八四五)年に免許皆伝となった[26]。忍藩では、武衛流・安東流・荻野流といった在来の和硫砲術が重んじられており、井狩自身も元々は武衛流の師範だった[27]。

ペリーの第一次来航を迎えた嘉永六年の時点で、忍藩は房総半島の南部に台場二カ所・遠見番所二カ所・備場四カ所を設け、三九門の火砲を備えた。これらの火砲のうち、洋式砲は一門だけで、他は全て和筒だった。御固四家体制下、忍藩が警備を担当したのは湾口への入口ともいうべき地域であり、直接的な沿岸防禦よりも外国船の発見・監視に比重が置かれていた。こうした事情もあって、忍藩では洋式砲の配備が積極的になされておらず、西洋流砲術の導入も他藩に比べて低調だった。

(2) 火砲と築城

江戸湾の湾口警備を担当した浦賀奉行所と四藩は、総計一八九門の火砲を備え、洋式砲はそのうちの四三門を占めていた。それぞれの内訳をみると、浦賀奉行所は一九門(うち洋式砲一二門)、川越藩は四二門(うち洋式砲九門)、彦根藩五四門(うち洋式砲一二門)、会津藩三五門(うち洋式砲九門)、忍藩三九門(うち洋式砲一門)となっている。これらのうち洋式砲が占める割合は二二パーセント余であり、砲種別に集計すると表Ⅰ－1のようになる。

表I－1　江戸湾湾口の台場にみる洋式砲（1853年）

砲　種	玉　目	浦賀奉行	川越藩	彦根藩	会津藩	忍藩	計
カノン (Kanon)	60ポンド		1				
	24ポンド	2	2	1			
	18ポンド	1	2				
	8ポンド			1			10
ボムカノン (Bomkanon)	150ポンド				1		
	80ポンド		1				
	不　詳	1					3
カルロンナーデ (Carronade)	60ポンド			1			
	30ポンド	2					
	24ポンド	1					4
ホウイッツル (Houwitser)	20ドイム	2		2	2		
	15ドイム	1	1	2			10
モルチール (Mortier)	29ドイム			2	2	1	
	3寸5分				2		7
ハンドモルチール (Hand mortier)	13ドイム			2			
	12ドイム		2		2		6
ステンモルチール (Steen mortier)	39ドイム	1					
	29ドイム	1		1			3
計		12	9	12	9	1	43

注目すべき点は、洋式砲の中に相当数の国産倣製砲が含まれていたことであり、同時に独自の諸元をもつ和製洋式の砲も若干認められる。舶来砲と倣製砲の併用が明確なのは浦賀奉行所の備砲で、前者は「長崎廻り」、後者は「下曽祢鋳立」という形で区分されていた[28]。また彦根藩は、「藩領佐野や彦根晒山で鋳造された西洋式の青銅砲[29]」を相州の諸台場に配備したといわれる。会津藩では、国元で鋳造したモルチールや江戸で鋳造したホウイッツルを房総の台場へ送ったほか、江川太郎左衛門にペキサンス砲の製作を依頼している[30]。これらの洋式砲は、オランダの前装滑腔砲を輸入もしくは倣製したものであり、弾道性能によってカノン（加農砲）・ホウイッツル（榴弾砲）・モルチール（臼砲）に大別された（図I－2）。

カノン（Kanon）とは、仰角の浅い平射により、主として「実弾《すだま》（Massige kogel）」を発射する長い砲身の火砲である。強装薬を用いて砲弾の初速を高め、低伸弾道・長射程・侵徹力という点で優れていた。また、発

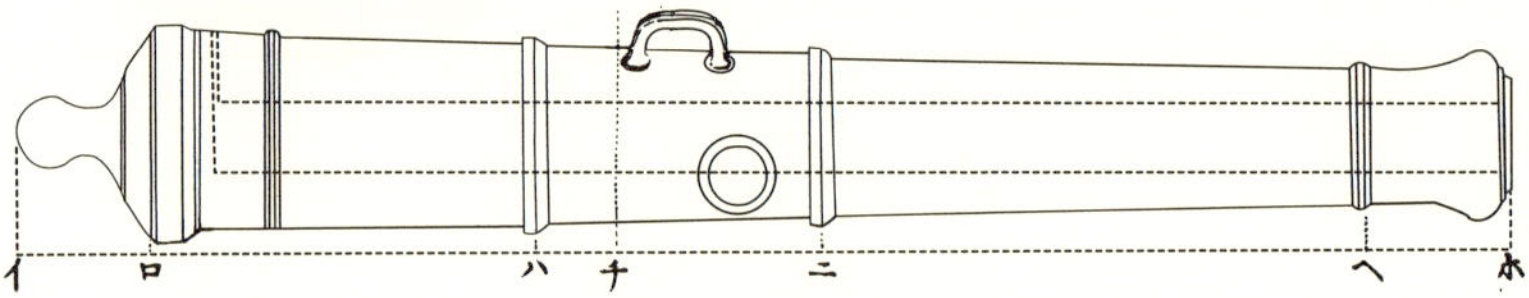

24 ポンドカノン

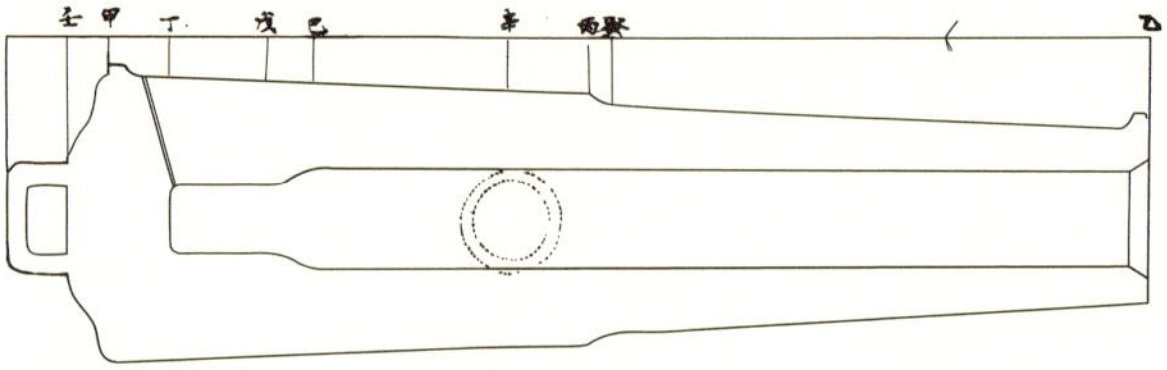

80 ポンドボムカノン

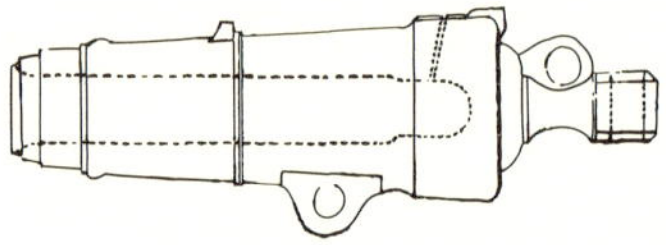

30 ポンドカルロンナーデ

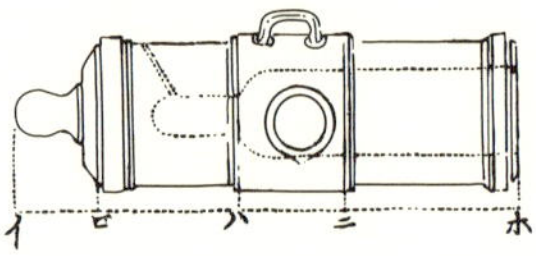

20 ドイムホウイッツル

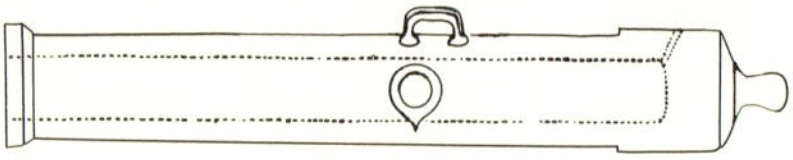

15 ドイムホウイッツル

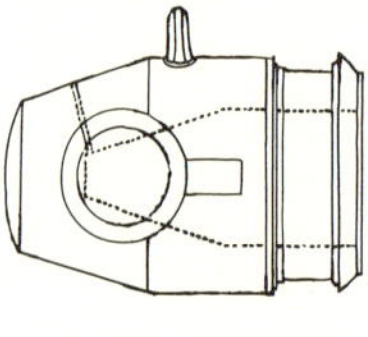

29 ドイムモルチール

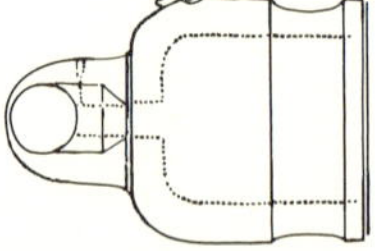

39 ドイムステーンモルチール

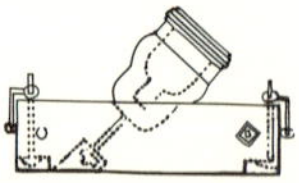

13 ドイムハンドモルチール

図Ｉ－２　江戸湾湾口の台場に配備された洋式砲

出典：掬花園主人『射擲試効表』（掬花園、1856 年）付図。

上田亮章『鈴林必携』（下曽根氏蔵梓、1853 年）68 丁。

射砲弾を水面に跳飛させつつ目標に命中させる「滾射《とべりうち》（Ricochet schoten）」という射法もあり、艦船の舷側を洞射するのに適していた。江戸湾沿岸には、六〇・二四・一八・八ポンドの各種カノンが合計一〇門配備されていた。これらの最大射程は、六〇ポンドカノンが「一三町三二間（一、四七四・六メートル）」[31]、二四・一八ポンドカノンが共に「二五町三七間四尺（二、七九二・八メートル）」[32]、八ポンドカノンが「一八町四〇間五尺（二、〇三五・五メートル）」[33]であった。

ボムカノンとは、フランスのペキサンス（Paixhans）が一八三〇年代に開発した大口径榴弾を発射できるカノンで、幕末の日本では「暴母加納」とか「伯苦斬刪」と呼ばれていた。[34]ここにいう「暴母弾（Bommen, Bom）」とは、弾径が二〇ドイム（1duim＝1cm）よりも大きな炸裂弾を指し、当時の砲術書には「暴母ト拓榴弾（Granaat）ハ同物ナリ但大小ニ因テ名ヲ異ニスルノミ、至大ナルヲ『ボム』ト云フ『ガラナート』ハ廿拇（二〇ドイム）以下ノ者ヲ云」[35]と説明されている。

江戸湾湾口では、会津藩の富津台場に江川太郎左衛門の鋳造した一五〇ポンドボムカノン、川越藩の鳶巣台場に八〇ポンドボムカノンが配備されていた。他に浦賀奉行所の明神崎台場へも、下曽根金三郎の鋳造したボムカノンが据えつけられたようだが、玉目等は不明である。八〇ポンドボムカノンの射程距離は「一八八〇歩（一、四一〇メートル）」[36]とされ、使用される「暴母弾」は「鉄製球形榴弾ニシテ中径二百十九粍三、其ノ空弾ノ重量二十三斤、炸薬量一瓩五二〇」[37]というものだった。なお一五〇ポンドボムカノンの諸元については不詳である。

カルロンナーデ（Carronade）は、一七七九年にスコットランドのキャロン（Carron）鋳砲所で艦載用に開発された、軽量の短砲身カノンである。[38]幕末の日本では、「加尓論奈特」もしくは「葛龍砲」などと呼ばれ、しばしば台場の備砲として用いられていた。御固四家体制下においては、彦根藩が六〇ポンドカルロンナーデ一門を、また浦賀奉行所が三〇ポンド二門と二四ポンド一門のカルロンナーデを有していた。同砲の射程についてみると、六〇ポンドの諸元は不詳だが、三〇ポンドは「一二町二八間三尺（一、三五九・三メートル）」、二四ポンドは「一一町二一間三尺（一、二一九・七メートル）」であった[39]。

ホウイッツル（Houwitser）とは、火砲に緩い仰角をかけた擲射によって炸裂弾を発射する榴弾砲である。幕末の日本では、「忽鳥微子児《ホウビッツル》」あるいは「射擲砲」と呼ばれ[40]、二〇ドイム（六〇ポンド）と一五ドイム（二四ポンド）のものが多用された。射程距離についてみると、二〇ドイムが「一七町一六間五尺（一、八八三・三メートル）[41]」、一五ドイムが「一三町三九間二尺（一、四八七・八メートル）[42]」であった。

モルチール（Mortier）は、弾径の大きな炸薬弾を曲射で射ち出す火砲であり、極めて短い砲身に因んで臼砲と呼ばれた。江戸湾沿岸に配備されたものには、一五〇ポンド級の「暴母弾」を発射できる二九ドイムモルチールのほか、携帯式の一三ドイム（陸軍用）・一二ドイム（海軍用）モルチールや、鏡版榴弾（Spieglgranaat）を用いる二九ドイム・三九ドイムのステーンモルチールがあった。また、オランダ軍の制式にない「三寸五分径」のものも認められるが、これは八ポンド弾を使用する和製洋式のモルチールと思われる。射程についてみると、二九ドイムが「二四町五八間一尺（二、七一六・七メートル）」、一三ドイムが「七町（七六三メートル）」であった[43]。二九ドイムステーンモルチールは、円盤形台座に六ポンド榴弾二四個を載せた鏡版榴弾を用い、発射するとこれらの榴弾が目標の周囲「一九五歩×五〇歩（一四六・二メートル×三七・五メートル）」の範囲に散布された。最大射程はおよそ「九〇〇歩（六七五メートル）」であった[44]。三九ドイムステーンモルチールは、鏡版に一ポンドの石弾（一二〜五〇個）を載せて発射するもので、装薬量によって散布距離を調節した[45]。

御固四家体制下、江戸湾の湾口沿岸に設けられた諸台場は、そのほとんどが在来の和流兵法における築城術に拠って造られたものであった。和流の台場は、各流派ごとに独自の築城法を有していたとされるが、現存する絵図をみる

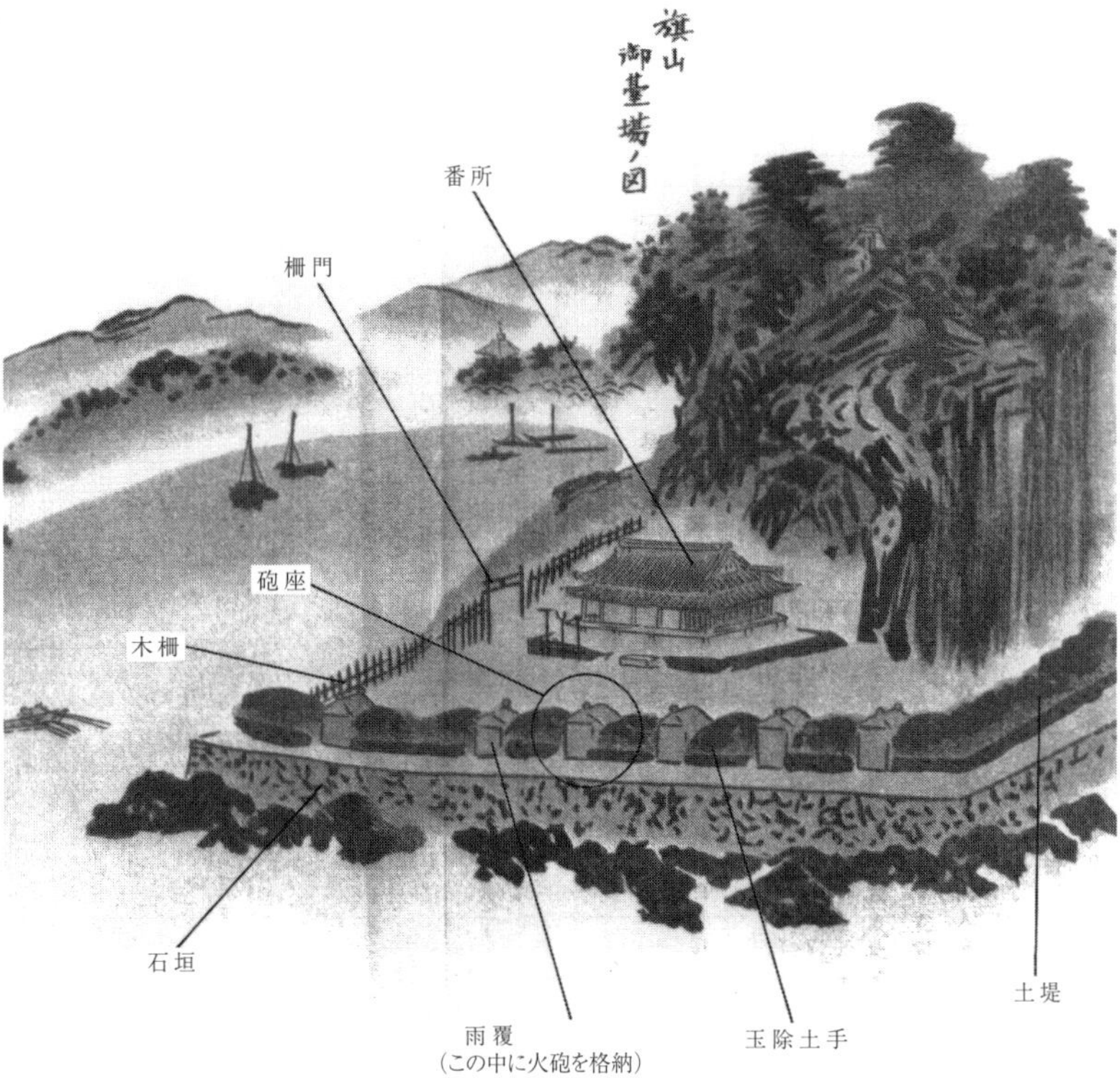

図Ｉ－３　旗山台場の写景図
出典：東京市役所『東京市史稿　港湾篇第2』（東京市役所、1926年）付図。
和流の築城法にもとづく台場の基本構造が理解できる。

限り、基本構造については大同小異だったといえる。その大要を示すと、所用の平坦地を造成して前面に砲座を設け、側周に柵（土堤の場合もある）をめぐらし、内部に木造の番所等を建設したものであった（図Ｉ－３）。砲座は、玉除土手（洋式築城の側牆と類似したもの）によって仕切られた空間に、木造の「雨覆」を設け、その中に一門ずつ火砲を収納する構造となっており、海側に向かって大きく開いた砲門口の前方には、洋式台場にみられるような胸牆《きょうしょう》（Borst-wering）が設けられていなかった。玉除土手は、幅七～八尺・奥行き八尺・高さ七尺・馬乗幅四～五尺程の法量をもった土盛の構造物で

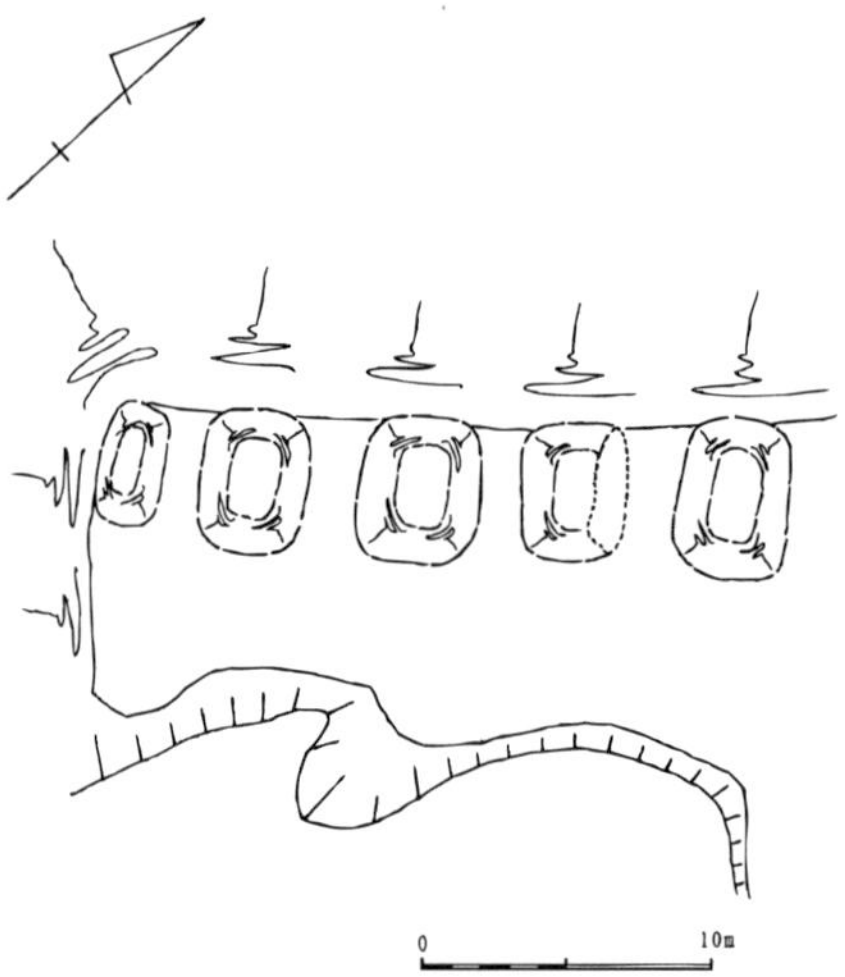

図I－4　竹ヶ岡（陰の台場）実測図

ある。[46] また「雨覆」は、縦六尺・横六尺・高さ六尺程度[47]の木造小屋掛けとなったもので、その前面には開閉式の扉が付けられていた。

江戸湾海防にまつわる和流台場の中で、今日までその遺構をほぼ完全な姿で残しているのは、房総側の竹ヶ岡台場だけである。同台場は文化八（一八一一）年に白河藩によって建設され、その後代官森覚蔵・忍藩・会津藩・岡山藩に引き継がれて、安政五（一八五八）年に廃止となった。前記したように、竹ヶ岡台場は陰の台場・十二天の鼻台場・石津浜台場といった三カ所の台場から構成されるものだったが、このうち石津浜台場については石垣の一部が現存するのみである。[48]

陰の台場は、平夷山の山腹（海抜五四メートル）に築かれた高地砲台で、五基の玉除土手が残されている。玉除土手の法量についてみると、左端の一基が縦四メートル×横二・五メートル、他の四基は縦五メートル×横四メートルで、高さは何れも一・五メートルとなっている。玉除土手の間隔は二メートルで、そこに木造の「雨覆」に格納された火炮四門が据えられていたものと思われる（図I－4）。

十二天の鼻台場は、白狐川河口に面した平夷山の山裾部突端（海抜七・五メートル）に築かれた低地砲台であり、五基の玉除土手と堤状の土塁一基を認めることができる。玉除土手の法量には異同があるが、それらの間隔は約二メートルで一定している。陰の台場と異なるのは玉除土手の間に胸牆と思われる土堤が造られている点であろう（図I－5）。

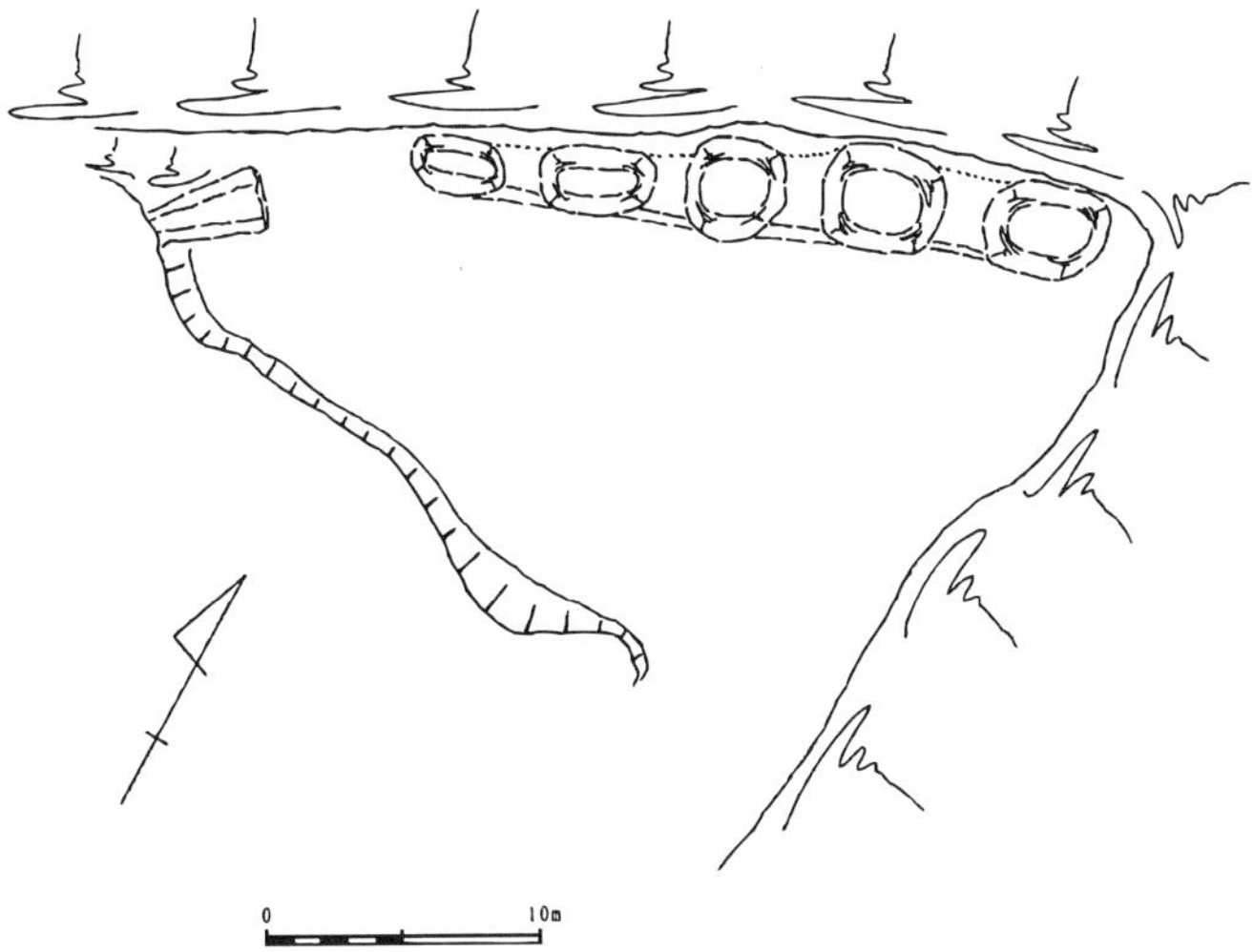

図Ⅰ－５　竹ヶ岡（十二天の鼻台場）実測図

これら二つの台場は、玉除土手の部分を残す形で地山を一・五メートル程掘り下げ、砲座とそれに連なる平坦部を造成したものである。現存の玉除土手をみると、ローム土を層状に搗き固めて土塁《どとん》を形づくる版築工法ではなく、地山を削り出して成形するという工法がとられていたことが知られる。

　こうした和流砲台の構造は、砲撃目標として敵に視認されやすいという欠点と共に、至近弾によっても多大の損害を受ける危険性を内包していた。また臨戦体制に際し、台場の内部やその周囲に陣幕を張りめぐらすという和流兵法の作法は[49]、徒らに堡塁の位置を暴露し、防禦上不利な条件をつくり出すものとなっていた。ペリーはその『遠征記』の中で、日本側の防禦態勢の欠陥を次のように指摘している[50]。

> 堡塁の位置及び装甲部は露出してゐて、容易に攻撃の目標となる態のものであつた。その胸牆（淺川註。正しくは胸牆でなく玉除土手）は壁土で造られてゐたが、多くの建物即ち営舎と火薬庫とは木造のやうであつた。堡塁には僅か許りの大砲が据付けられてゐるだけであつて、その口径は小さ

いものであったが、砲眼（浅川註。砲門口）が非常に大きいので大砲の大部分はまる見えであった。

嘉永年間、江戸湾湾口部の諸台場では洋式砲の導入が図られ、火力増強が逐次進められていった。しかし、和流の築城術にもとづいて建設した台場を改めて洋式とすることは困難であり、防禦施設そのものの改修にはほとんど手が付けられなかった。嘉永五（一八五二）年に鳶巣・鳥ヶ崎・亀ヶ崎の三台場を建設するにあたって、川越藩が幕府へこれらを洋式で築城することを要請したにもかかわらず、結果的に容れられずに終った事例は、こうした状況を象徴するものといえよう。

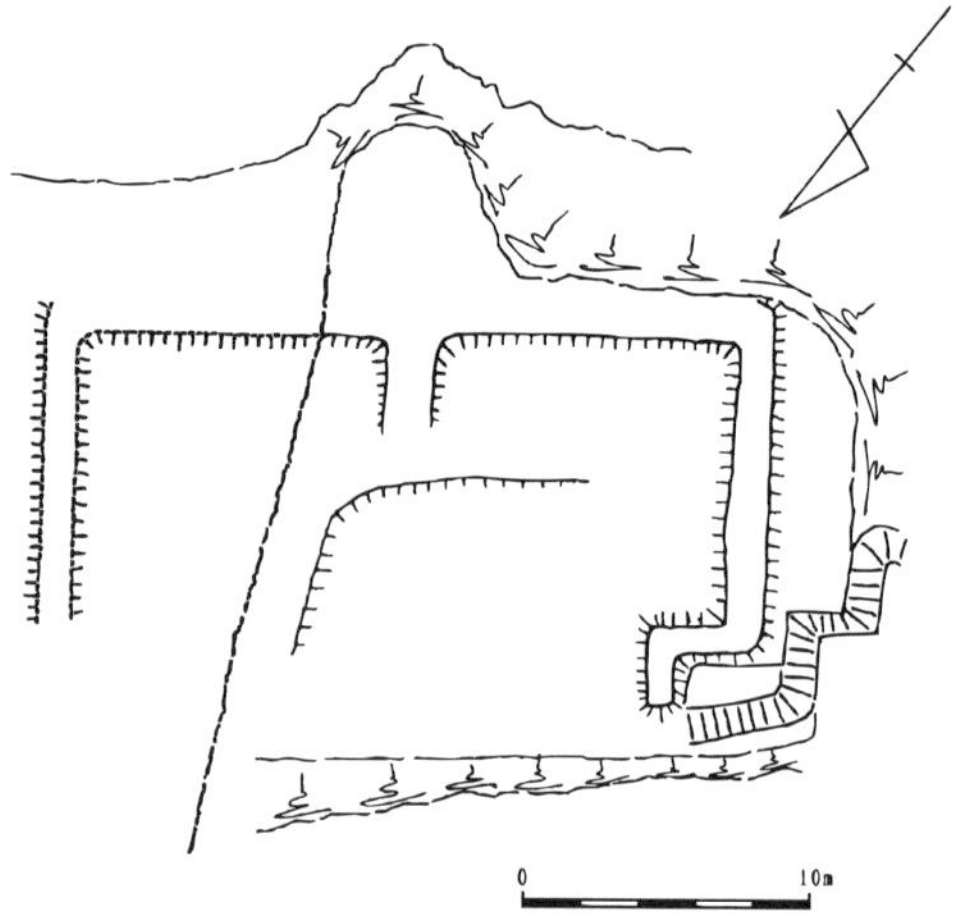

図I－6　明神崎台場概念図

ペリー来航以前の段階で江戸湾内に建設された台場のうち、洋式築城法にもとづくものと確認できるのは、浦賀港の入口に面して設けられた明神崎台場だけである。同台場は嘉永六（一八五三）年に浦賀奉行所が明神山の突端（海抜一五メートル）へ築造した、「西洋風」の高地砲台である。その形状については、一九五〇年代に現地を踏査した赤星直忠氏の手に成る略測図があり(51)、およその外形を知ることができる。

赤星氏の略測図をもとに考えると、明神崎台場は正向射（Frontvuren）の機能に比重を置いた後開式（Openewerken）の方形堡（Vierkantschans）であったと推定される(52)。砲座は側牆（Traverse）によって仕切られ、その前面には胸牆（Borstwering）が設けられていたものと思われる（図I－6）。

また、嘉永元年に竣工した亀甲岸台場は、その形状について「亀甲形[53]」とされており、西洋式の突角堡（Lunette）に倣った平面プランとなっていた可能性がある。上部構造に関しては、嘉永六年の増築を経て西洋式の塁台に改修されたものと考えられる。

そもそも沿岸台場の防禦力は、単に火砲の性能を向上させれば高まるというものではなく、火力を有効に発揮するための諸施設と連動して、はじめて整備されるものである。その意味で江戸湾湾口の防禦態勢は、折りからの時流を背景に西洋流砲術導入が図られたとはいうものの、台場それ自体が旧来の和流兵法の技術水準にとどまっており、火力運用の有力性という面からみて、必ずしも十分な条件が整っているとはいえない状況であった。

註

（1）斎藤利生『武器史概説』（学献社、一九八七年）六〇頁。
（2）この時の砲撃状況については、相原良一『天保八年米船モリソン号渡米の研究』（野人社、一九五四年）八三～八四頁参照。
（3）今村嘉雄ほか編『日本武道全集　第四巻』（人物往来社、一九六六年）一四頁。
（4）「嘉永三年九月　海防用洋書翻訳取調触書」（神奈川県県民部県史編集室『神奈川県史　資料編一〇』神奈川県、一九七八年）一六頁。
（5）上田亮章訳『鈐林必携』（下曽根氏蔵梓、一八五二年）、「例言」。
（6）高島秋帆の事跡については、有馬成甫『高島秋帆』（吉川弘文館、人物叢書8、一九五八年）を参照。
（7）高島流の構成については、所荘吉「砲術と兵学」（中山茂編『幕末の洋学』ミネルヴァ書房、一九八八年）を参照。
（8）箭内健次編『通航一覧続輯　第五巻』（清文堂、一九七三年）一〇五頁。
（9）同右、一六三頁。
（10）同右、一六七頁。
（11）同右、一六九～一七〇頁。

(12)「浦賀見聞誌」（山本詔一編『三浦半島見聞記』横須賀市、一九九九年）四頁。
(13)石井岩夫編『韮山塾日記』（韮山町役場、一九六九年）一五～一六頁。
(14)東京大学史料編纂所『維新史料綱要　巻二』（東京大学出版会、一九八三年）三〇九頁。
(15)同右、四一二頁。
(16)川越市立博物館編『黒船来航と川越藩』（川越市立博物館、一九九八年）四五頁。
(17)中村直勝『彦根藩史　中冊』（彦根市役所、一九六二年）六八五頁。なお同書では、浦賀奉行所の与力から西洋流砲術を学んだとしているが、浦賀奉行所でその稽古が本格化するのは嘉永三年以降であり、入門先と考えるのに疑問が残る。
(18)前掲『韮山塾日記』一五頁。
(19)同右、九一頁。
(20)前掲『彦根藩史　中冊』六八三頁。
(21)会津戊辰戦史編纂会編『会津戊辰戦史』（会津戊辰戦史編纂会、一九三三年）四九二頁。
(22)石岡久夫『日本兵法史　下』（雄山閣、一九七二年）四二三頁。
(23)安藤定虎「刻兵要録叙」（長沼澹斎『兵要録』福山誠之館、一八五四年）、「叙」一丁。
(24)小川渉『会津藩教育考』（東京大学出版会、一九七八年）二九二頁。
(25)同右、二九八頁。
(26)前掲『韮山塾日記』一六頁。
(27)行田市郷土博物館編『忍藩の砲術』（行田市郷土博物館、一九九四年）三六頁。
(28)浦賀近世史研究会編『南浦書信』（未来社、二〇〇二年）二三～二四頁。
(29)前掲『彦根藩史　中冊』六九九頁。
(30)飯沼関弥編『会津松平家譜』（自家版、一九三八年）二〇七・二一三頁および、前掲『会津藩教育考』二九六・二九八頁。
(31)「榴加農砲榴弾射放表」（訳者不記『射擲試効表』掬花園蔵梓、一八五六年）一丁。
(32)「陸用迦農砲射放表」（上田帯刀編『西洋砲術便覧　上』黄花園蔵版、一八五三年）二二丁。
(33)「船用迦農砲射放表」（同右）二四丁。
(34)前掲『鈐林必携』六八丁。
(35)前掲『西洋砲術便覧　下』七五丁。

(36)「勃謨喝濃熕榴弾放射表」（大塚同庵編『熕砲射擲表』桂園塾、一八五二年）。

(37) 陸軍省調製『兵器沿革史　第一輯』（陸軍省、一九一三年）一六〇頁。

(38) The Diagram Group, *Weapons* (NY : St. Martin's Press, 1990), p. 173.

(39)「舶用喝論砲射放表」（前掲『西洋砲術便覧　上』）三〇丁。

(40) 中西喜一郎『西洋兵学訓蒙』（刊所不記、一八五七年）第一四図。

(41)「廿拇忽砲射擲表」（前掲『西洋砲術便覧　上』）四〇丁。

(42)「十五拇忽砲放拓榴弾表」（同右）四〇～四一丁。

(43)「臼砲擲放表」（同右）二五～二六丁。

(44)「石弾模尓石礮投発試表」（前掲『鈐林必携』）三九丁。

(45) 同右、三八～三九丁。

(46)「江戸湾沿岸防備之絵図」（金沢文庫蔵）。

(47) 前掲「浦賀見聞誌」二八頁。

(48) 筆者は竹ヶ岡台場に関し、軍事史学会会員で郷土史家の山本哲也氏による案内と協力を得て、数度にわたる現地調査を実施し、陰の台場と十二天の鼻台場の実測図を作成した。

(49) 土屋喬雄・玉城肇訳『ペルリ提督　日本遠征記（二）』（岩波書店、岩波文庫、一九四八年）にも、日本側台場に陣幕が張られていた様子が記されている。

(50) 同右、二〇一～二〇二頁。

(51) 赤星直忠「三浦半島の台場と砲台」（稿本コピー、横須賀市史編纂室蔵）。図Ｉ－６は、この略測図をもとに一部加筆修訂を行なって作成した。

(52) 構造上のセオリーについては Pel, C. H. M. : *Handleiding tot de Kennis der versterkingskunst* (Hertogenbosch : Gebroders Muller, 1852), pp. 25-27. を参照。

(53) 赤星直忠『横須賀市史№８　三浦半島城郭史　上巻』（横須賀市教育委員会、一九五五年）八五頁。

四、湾口防衛の限界

嘉永六（一八五三）年にペリーの第一次来航を迎えた時点で、江戸湾湾口の沿岸台場には、従来の和筒に加えて洋式砲が配備されるようになっていた。これらの洋式砲は前記したようにオランダ式の前装滑腔砲だったが、一八五〇年代前半の軍事技術という観点からみて、同時期に欧米列強の軍隊が標準装備していた火砲と比べても、性能面で大差のないものだった。日本に来航したペリー艦隊の艦載砲も全て前装滑腔砲であり、その種別は表Ⅰ－2のようなものだった(1)。

嘉永六年に来航したペリー艦隊は四隻で合計六六門の艦砲を有し、江戸湾への進入に際して「大砲は所定の位置に据ゑられて装弾され弾丸も配備された。小銃も用意されて、哨兵及び各員は夫々自分達の部署についた。要するに何時でも敵と対戦する前になされる一切の準備が行はれ(2)」ていたといわれる。ただしペリーには、「相手から発砲を受け撤退する時の『自衛の発砲』をのぞいて、絶対に自分の側から発砲してはならない(3)」旨の大統領命令が下されており、武力行使の権限そのものに著しい制約が加えられていた。

一方日本側も、天保薪水令にもとづく避戦策に徹しており、「若異国船より海岸様子を伺ひ、其場所人心之動静を試候ため杯ニ、鉄砲を打懸候類可有之哉も難計候得共、夫等之事ニ動揺不致、渡来之事実態々相分り、御憐恤之御主意貫き候様取計可申候(4)」ことが、海防の実務にあたる現場にも下令されていた。こうした日米双方の外交事情により、ペリー側が強硬姿勢を示すパフォーマンスを行なったにもかかわらず、日米間での直截的な武力衝突発生は回避された。しかしアメリカ艦隊が観音崎—富津の要衝を越えて江戸湾内海への進入を強行したことは、それまで湾口の防禦に重点を置いていた江戸湾海防の在り方に、重大な変化をもたらすきっかけとなった。

御固四家体制下、観音崎と富津を結ぶ文化令以来の「打沈線」は、弘化四（一八四七）年三月十四日の布達によって廃止され、「たとひ富津の要所を乗越すとも、渡来の事情を尋察し、穏当に扱」[5]う方針となっていた。ただし、川越藩の警備する鳶巣（観音崎）台場と、会津藩が警備にあたる富津台場へ、洋式砲が集中配備されていたことからも窺われるように、ここを湾口防禦の最終的な防衛線とする考え方自体は、依然として残されていた。

表Ⅰ－２　ペリー艦隊の備砲（1853年）

砲種	数	射程
サスケハナ（Susquehanna）		
9インチ榴弾カノン（9-Inch Dahlgren Shellgun）	12	3,450ヤード（3,105m）
ミシシッピー（Missisippi）		
10インチ榴弾砲（10-Inch M1841 Howitzer）	2	1,650ヤード（1,485m）
8インチ榴弾砲（8-Inch M1842 Howitzer）	8	1,800ヤード（1,620m）
プリマス（Plymouth）		
8インチ榴弾カノン（8-Inch Dahlgren Shellgun）	4	2,600ヤード（2,340m）
32ポンドカノン（32-Pdr M1847 Navy Gun）	18	1,756ヤード（1,580.4m）
サラトガ（Saratoga）		
8インチ榴弾カノン（8-Inch Dahlgren Shellgun）	4	2,600ヤード（2,340m）
32ポンドカノン（32-Pdr M1847 Navy Gun）	18	1,756ヤード（1,580.4m）

しかし当時の前装滑腔砲を以てしては、およそ八キロメートルに及ぶ観音崎—富津間の海上を、完全に射程圏内へ収めることはできなかった。こうした火力の限界を補うためには、海軍力との連携が不可欠だったが、開国以前の日本にその備えはなかった。さらに沿岸台場のほとんどが、和流兵法の築城技術をもとに建設されており、火力増強のために配備されるようになった洋式砲を有効活用するのに十分な機能を備えていなかった。

ペリー艦隊による内海への進入は、それまでの湾口防衛態勢に内在していたこのような限界を、幕府の要路に改めて認識させる契機となった。そしてペリーの再来予告に対処する形で、江戸湾内海への早急な海防施設建設が促されることとなる。

註

（1）*Dictionary of American Naval Fighting Ships* (Washington : Naval Historical Center, Department of the Navy), HP. および Warren Ripley: *Artillery and Ammunition of the Civil War* (Charlestion : The Battery Press, 1984), pp. 366-370.

（2）土屋喬雄・玉城肇訳『ペルリ提督　日本遠征記（二）』（岩波書店、岩波文庫、一九四八年）一八四頁。

（3）加藤祐三『黒船異変――ペリーの挑戦――』（岩波書店、岩波新書、一九八八年）五三頁。

（4）「異国船打払之儀停止御書付」（石井良助校訂『徳川禁令考　前集六』創文社、一九五九年）四〇六頁。

（5）箭内健次編『通航一覧続輯　第五巻』（清文堂、一九七三年）三五頁。

Ⅱ．品川台場の築造計画

御殿山から品川台場を望む錦絵
　出典：「江戸名所四八景　御殿山満花」（広重画、1854 年）。
※台場築造のため埋立土を採取したため、桜の名所「御殿山」に大きな崖ができた。

一、内海台場の建設経緯

ペリー艦隊による江戸湾内海への進入という予想外の事態に直面して、徳川幕府はそれまでほとんど無防備の状態で放置されてきた内海へ、急遽防禦態勢を整えることを図った。この時江川太郎左衛門は、「沖ノ洲亀甲洲夫ヨリ富津又ハ相州海岸猿島等ヘモ堅牢ノ砲台取設ケ其上豆州下田湊浪花等ヘモ追々堅実ノ砲台取建候」[1]ことを上申し、江戸湾のみならず周辺沿岸の防備態勢確立を説いた。

しかし、翌年と予告されたペリー艦隊の再来に備えるという竣工期限や、幕府の財政難という現実的問題が相まって、江戸市街部を直接防衛するための海堡建設だけが具体化されることになった。これらの海堡は、当初品川沖から深川沖にかけて一一基を建設する予定だったが、品川沖の五基が竣工した段階で計画が中止された。

本章では、結果的に品川沖への海堡建設という形で具体化された、江戸湾内海防備の構想と現実を考察すると共に、それらの普請がどのように進められたのかという経緯について概観する。

(1) 内海防禦計画の策定

ペリー来航直後の嘉永六(一八五三)年六～七月、幕命を受けた海防掛の本多忠徳(若年寄)・松平近直(勘定奉行)・川路聖謨《としあきら》（勘定奉行）・戸川安鎮（目付）・江川太郎左衛門（勘定吟味役格）らは、江戸湾を取り囲む武相・房総の海岸を巡察した。そして同年七月、江川太郎左衛門は川路聖謨と連名で江戸湾の防備に関する上申を行なった。

これによると、相州側の旗山崎と房総側の富津岬を結ぶ海上に、「御台場九ヶ所水中埋立」の形で建設することの必要性を説きつつ、現実的な対策として「御入用ニ無御厭年を経候ハバ、格別早急之成功無覚束、然ル上は先づ同所ハ御見合、夫ヨリ内海之方被仰出候通、早速御台場等御普請之積取調申上候様可仕」ことを提言している[2]。

もともと江川の内海防備構想は、「第一線を観音崎と富津洲に、第二線を横浜本牧と木更津、第三線を羽田沖、第四線を品川沖[3]」とした、四線にわたる海堡の防禦線構築を提起する内容だったが、「品川沖の儀、海上浅深大体二三間ならでは無之、埋立方も御手軽[4]」という観点から、先の答申となったものと思われる（図Ⅱ－1）。

江川自身、内海防衛の要諦を旗山—富津間における海堡建設と考えていたことは論をまたないが、同時に「右躰之御普請ハ絶而見合無之大業ニ而不容御入用高ニ及ひ、其上何ヶ年ニ而全成就可致哉、更ニ見居も附兼[5]」という形でその困難さも認識していた。当時の土木技術、幕府の財政、所要の竣工期限等を考えれば「数ヶ所一時に建築は不行届依の先つ首府衛護の場所を第一に建築夫より順次に取建候積を以て品川沖を始にいたし候[6]」との方針がとられたことは、必然的な選択でもあった。

嘉永六年七月二十三日、松平近直・川路聖謨・竹内保徳・江川太郎左衛門の四人に「内海御警衛御台場普請」の命が下された。その際特に、「右御台場取建方且据付候大砲鋳立之儀者、太郎左衛門之引受」とされ、品川台場の建設から備砲の調達に至るまでの実務全般が江川へ委ねられることになった[7]。

品川台場の建設にあたって、江川は当初「一番二番台場をカットバテレーにいたし、且ツ三番南之方フハーセスより縁を取り次第ニ岡之方江参り最後のもの者拾壱番ニ相成深川州先弁天之前ニ而終リ候積リ之経画[8]」であったとされ

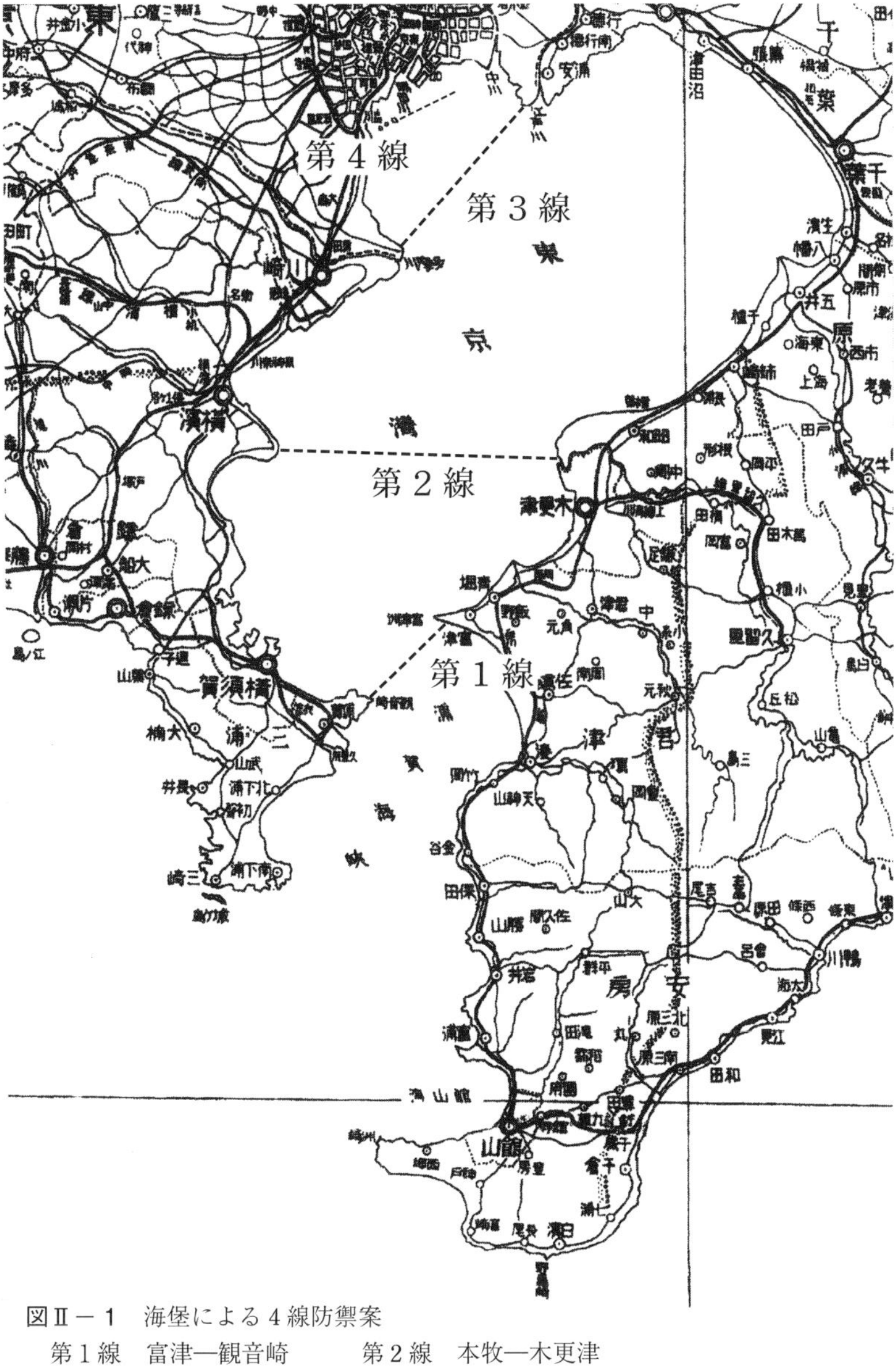

図Ⅱ－１　海堡による４線防禦案

第１線　富津―観音崎　　　第２線　本牧―木更津

第３線　羽田沖　　　　　　第４線　品川沖

「1/500000　東部軍管区　関東信越地方図」（参謀本部、1945 年）に加筆。

る。しかし、後章で述べるようにカットバッテリー（Kat batterij）すなわち後座砲台を有する海堡は築造されず、また実際に竣工したのも一〜三番と五番・六番の五基にとどまったという点で、「太郎左衛門見込通リ二出来不致」[9]との結果に終ることとなった。

嘉永六年九月四日、工事着工を目前にして、江川太郎左衛門は老中阿部正弘へ内海台場の模型を贈った。今日この模型は残されていないが、模型に添えられた次のような書面が伝存している。[10]

以剪紙啓上仕就は内海御台場雛形入壹個為持差上候
封印之侭御手元え御上ヶ可被下候右可得貴意如此御座候
以上
九月四日（六年）
江川太郎左衛門
阿部伊勢守様
御用人中様

さて、この台場模型に関しては、江川文庫に保存されている六稜堡の部分模型を以て品川台場の模型とし、形状が著しく異なることについて、「設計変更などは場当り的に行なわれ、埋め立てが行なわれながら、上部構造案の変更がなされた」[11]結果とする見解がある。これは要するに、多稜堡として設計された品川台場が、施工途中で方形堡ないし角面堡に変更されたという解釈であるが、品川台場に求められた海堡としての機能を考えると、にわかに首肯し難い。

もともと品川台場は、江戸湾に進入した外国船の武力行動を、海上において阻止するための海堡として建設されたものであり、備砲の火力を広い射界と長い射程で運用できるよう、台場の形状を方形堡ないし角面堡としたものであった。このため陸戦を想定して、要塞の全周に十字砲火の火網を形づくるための突角堡をもった多稜堡とは、その性格を異にしていた。また多稜堡は軍の拠点となる施設、あるいは敵の上陸を阻止するための施設として、内陸もしくは沿岸に独立した形で建設されるのが一般的で、海上に「間隔連堡」として配列する必然性はなかった。幕末の日本で建設された多稜堡としては、箱館の五稜郭や信州竜岡藩の竜岡城がよく知られている。

他方、施工途中での設計変更という問題について考えると、台場の基礎工事となる埋立はその配列計画にもとづいて実施され、配列計画それ自体も台場の形状（火力運用の在り方によって規定される）を踏まえて決定されたものである。埋立てを進めながら「場当り的」に設計変更が行なわれることなど、到底考えられない。

品川台場の施工経緯を記した「内海御台場築立御普請御用中日記」[12]をみても、施工方法の変更が行なわれたらしいことを窺わせる記述はあるが、多稜堡から方形堡へというような根本的設計変更を、埋立てが進む段階で唐突に実施した形跡は認められない。

嘉永六年八月三日、御作事・御普請・小普請の三奉行あてに「江戸内海御警衛場御台場御普請仕方之儀」が通達され[13]、一番から十一番に至る各台場の平面プランの外形と、埋立に関する計画が示されるに至った[14]。これを一覧としたものが表Ⅱ－1であり、各台場の建設工事について入札を行なった結果、一～三番と六番・八番は御大工棟梁の平内大隅、四番・五番・七番・九番は御勘定所御用達の岡田治助、十番・十一番は柴又村年寄の五郎右衛門がそれぞれ普請を請負うことに決まった[15]。

表Ⅱ－1　品川台場の建設計画

区分	外形	水深	埋立坪数	見積高
一番台場	角面堡	1丈1尺9寸	26,241坪 土砂 20,712.9坪 三浦土丹岩 5,113.1坪 三浦石 401.0坪	15,226両2分
二番台場	角面堡	9尺4寸	19,818.4坪 土砂 16,166.8坪 三浦土丹岩 3,259.6坪 三浦石 401.0坪	12,690両
三番台場	方形堡	9尺	19,351坪 土砂 15,788.9坪 三浦土丹岩 3,149.1坪 三浦石 413.0坪	12,384両
四番台場	角面堡	9尺6寸	13,573.8坪 土砂 10,492.2坪 三浦土丹岩 1,760.6坪 三浦石 321.0坪	7,324両
五番台場	角面堡	7尺8寸	8,895.6坪 土砂 6,895.9坪 三浦土丹岩 1.706.7坪 三浦石 293.0坪	5,823両2分
六番台場	角面堡	6尺9寸	9,329.5坪 土砂 7,529.9坪 三浦土丹岩 1,478.6坪 三浦石 221.0坪	6,284両1分
七番台場	方形堡	6尺3寸	5,924.1坪 土砂 4,865.6坪 三浦土丹岩 776.5坪 三浦石 282.0坪	3,981両2分
八番台場	方形堡	7尺	6,643.1坪 土砂 5,409.4坪 三浦土丹岩 951.7坪 三浦石 282.0坪	4,785両3分
九番台場	方形堡	6尺3寸	5,924.6坪 土砂 4,865.6坪 三浦土丹岩 776.6坪 三浦石 282.0坪	4,242両2分
十番台場	方形堡	6尺3寸	同上	3,298両2分
十一番台場	方形堡	6尺3寸	同上	3,390両

出典：東京市役所『東京市稿　港湾篇第2』（東京市役所、1926年）929～935頁、953～954頁。

次いで、八月十六日には、埋立予定地の視察が行なわれ、一帯の水深などに関する報告がなされた[16]。そして八月二十八日、「内海御台場御普請御用」に携わる諸役が任命され[17]、品川台場の建設が開始されることになった。

(2) 台場の建設経緯

建設工事は、「拾壹ヶ所の内、壹貳三御場所の義は、格別の御急ぎに付取り敢えず水中埋立取掛候[18]」という形で着手され、同年九月十六日には「一之手二之手三之手共、真中に五間四方位小島出来[19]」との段階へ進んだ。埋立の手順は、まず三浦土丹岩(砂質泥岩)と大量の土砂を海中に投棄して「小島」を造り、その周囲を更に埋め立てて台場の基盤を形成するというものだった(表Ⅱ－1)。

埋立て用の土砂については、「壹番御台場は品川宿御殿山最寄山土、二番御台場之義は下高輪松平駿河守元屋敷より持出、三番土取之儀は高輪泉岳寺山土相用候[20]」こととされ、切り出された土は、猟師町弁天脇・駿河守元屋敷下・泉岳寺前に設けられた「土出場」から、「土艜船」で埋立地に運ばれた。そして十月二十七日に「下埋立」を終え[21]、上部の整地が行なわれた。

この「下埋立」が完成に近づくのと並行して、「地杭」の打込みが開始された。一番台場の発掘調査で検出された「地杭」の多くは、直径一五センチメートル程の杉材(長さについては「三間半」の墨書が認められる[22])で、軟弱な地盤の上に構築される石垣の基礎を支えた。「地杭」の打込みと「切揃」が終ると、その上に「十露盤敷《そろばんじき》土台[23]」を取り付け、石垣の基礎とした。因みにこれは、水堀の底から石垣を立ち上げるために行なわれてきた、在来の工法を利用したものであり、石垣の基礎となる木材は「常時水に漬かった状態ではほとんど腐朽しない[24]」といわれる。

石垣の普請が開始されたのは十二月に入ってからである。石積についてみると「石垣石は整然と積まれ、その裏側（裏込部）には割栗石がほとんど隙間なく詰められている」[25]という構造だった。そこに使われている石材は、伊豆や相模から搬入されたものがほとんどで、石垣石の多くは真鶴周辺の輝石安山岩だった。また、裏込となる「割栗石」は豆州・相州の堅石場、「土丹小岩」は相州三浦郡、「大栗石・中栗砂利・切込砂利」は本牧・玉川・大井村海岸で採掘したものが用いられた[26]。

石垣を含めた塁台部分が出来上がるのは、翌嘉永七（一八五四）年二月のことであり、江川太郎左衛門が検分したのち、火砲の配備を行なっている[27]。内部施設の整備が進むのは、同年四月以降で、最終的に一～三番台場が竣工したのは、この年の七月九日であった[28]。

この間、嘉永七年三月十一日には五番と六番台場の建設が開始されており[29]、同年十一月十五日に「石垣、堤類、火薬蔵、玉薬置所、下水并石橋共皆出来[30]」の運びとなった。両台場とも施工方法は一～三番台場とほぼ同じだったが、石垣の石積法をやや加工の荒い切石の谷積み[31]とすることで、工期の短縮が図られたようである。

一方、「日米和親条約」締結によって当座の外圧を回避した徳川幕府は、ほどなくして品川台場建設への予算削減を行なう考えを示した。そして経費の減額を申し入れた川路聖謨と、これを不可とする江川太郎左衛門の間で激論が交わされる一幕もあり、その様子を、「江川秘記」は次のように記録している[32]。

君勘定所ニ於テ一日品川砲台建築ノ義ニ付勘定奉行川路左衛門尉ト意見ヲ異ニシ左衛門尉ハ減費額ヲ主トシ君ハ以テ不可トシ左衛門尉益説ケハ君ハ益屈セス云ク誠ニ如斯ハ失礼ノ申分ニハ候へ共竹へ縄ヲ付ケ品川ノ沖ニ立置モ同様ニテ詰リ砲台建築ノ費ハ多少ニ拘ラス国家無益ノ費ト奉存候ト申サレケルニ付満場皆驚キ筆者ハ筆ヲ止メ

算者ハ算ヲ推シ窃ニ申候ニハ太郎左衛門ハ平常湯呑所ニテ湯モ自由ニ飲サル程遠慮深キ人ナルニ今日ノ太郎左衛門者平日ノ太郎左衛門ニ非ストテ孰レモ舌ヲ巻キ候由

この議論の内容から推察すると、川路の提示した「減費額」はすなわち品川台場の建設中止を意味し、それに反対した江川が、自らの設計した防御線の完成（一一基の台場の竣工）を譲らず、激論に及んだものと思われる。しかし嘉永七年五年四日には、老中阿部正弘から直々に「無拠御時節ニ付、当時取懸り居候五ヶ所ニ而御警衛相立候様、一ト先締リを附[33]」るよう通達があった。ここにおいて、江川太郎左衛門が構想した「間隔連堡」による内海防御線は、建設半ばにして中止されることとなった。

通達中に見えるように「取懸り居候五ヶ所ニ而御警衛相立」ということは、台場列の東側に空白を残したまま、不完全な形で防御線を運用せざるを得ないこと意味した。万延元（一八六〇）年に来日したプロイセンのオイレンブルク（**Eulenburg, F. A. G**）はこうした防御線の欠陥について、次のように指摘している。[34]

> この海堡は湾の西側、全体の三分の一を占めるにすぎず、東へは簡単に迂回されてしまう。しかしそこには、沿岸砲が並んで岸を縁取っており、これは碇泊地に投錨している軍艦の砲には届かないが、うまく操作すれば猛烈な舟艇攻撃を撃退することはできよう。海堡はこの東側から攻撃されれば占領されてしまうであろうが、よく防衛すれば敵に流血を強いることはできると思われる。

「江川秘記」の中にみえる「其築法且君カ意ニ背ケリ[35]」という件りは、こうした計画の齟齬を端的に示すものであったと考えられる。

嘉永六年十一月十四日、徳川幕府は未だ建設途上にあった一～三番台場への警備担当藩を選任し、川越藩に一番台場、会津藩に二番台場、忍藩に三番台場の守備を命じた。[36] 翌嘉永七年一月にペリー艦隊が再来すると、これら三藩はそれぞれの持ち場へ藩兵を配置したが、何れの台場も竣工には至っていなかった。

また五番・六番台場の建設は、ペリー艦隊が江戸湾内にとどまっていた同年三月、ようやく着工されたものであり、当時盛んに版行された「海陸御固泰平鑑」[37] などの内海防禦態勢を示す瓦版に、その姿は描かれていない（図Ⅱ－2）。

結局のところ、品川台場の建設計画そのものは、当初の目標とされたペリー再来までという竣工期限には間に合わなかった。さらに開国後は、江川太郎左衛門の構想した「間隔連堡」にもとづく内海防禦線それ自体も、予定の半分に満たない数の台場が築造されたところで、施工中止となった。

その後、文久三（一八六三）年に至って四番・七番台場の建設が試みられたが、[38]「前者は七分、後者は僅か三分計りの工事を以て中止」[39] となった。因みに四番台場は、埋立てを終えて外形が整えられ、石垣が半ばまで積まれたところで施工を中断した。また七番台場については、「下埋立」が行なわれたところで工事を中止しており、外形を整える段階までも進んでいなかった。なお八～十一番に至る四基の台場に関しては、何らの工事も施されることなく、テーブルプランのままで終った。また御殿山下台場は、嘉永七年九月に請負人が決まり、同年十二月十七日、三カ月程の工期を経て竣工した。[40]

要するに品川沖の台場列は、本来の施工計画の途中で工事中断になった、未完成の防禦線であり、こうした不完全な結果のみを以てその意義を評価することには、必ずしも妥当といえない面がある。勝海舟は、後年『陸軍歴史』を編纂した際、品川台場について「其地理ノ宜キヲ欠キ造ノ其法ヲ得サルカ如キハ未タ精究スルニ暇アラサリシナラ

ペリー再来時の瓦版
出典：「海陸御固泰平鑑」（無刊記、1854年）。
※一～三番台場で、川越・会津・忍三藩が守備に就いた。

施工中の品川台場を描いた錦絵
出典：「江戸名所四十八景　高輪秋月」（広重画、1854年）。
※一～三番台場の外形が出来上がり、五番台場は埋立中である。

図Ⅱ－２　品川台場を描いた瓦版・錦絵

ン」[41]とコメントしており、多くの研究者がこれを無批判に援用してきたきらいがあるが、もともとあった品川台場の建設計画全体や、それが設計された時点での軍事技術を踏まえた検証が必要と思われる。

なお品川台場は、明治維新を迎える慶応四（一八六八）年まで海堡としての役割を果たし、御殿山下台場（のち陸附四番台場と改称）を含めて、その間二〇藩にわたる諸藩が交代で警備にあたった（表Ⅱ－2）。

（3）内海防備の経費

品川台場の建設とそれに伴う内海防備のための経費として、幕府は九一万六四九一両三分余に及ぶ予算を計上した。その内訳は「御台場御普請」に七六万三八七一両二分余、「大筒并台玉」の製造に一五万八九六三両一分余、「大船其外御船製造」に六万三六五七両余というものであった[42]。

このうち台場の建設費については、「内海壹、貮、三、五、六御台場、四番岩埋立、品川御殿下海岸御台場普請」[43]に充てられたものである。当初の計画にあった七番から十一番に至る台場五基の建設費が計上されていないのは、この「御入用凡高」が計上された安政元（一八五四）年十二月時点で、既にそれらの建設中止が決定していたことによるのだろう。

火砲ならびに砲弾の製造費は、一～三番、五番・六番台場に配備される六種類計一二四門の前装滑腔砲と、三種類計四万四〇〇発の砲弾を鋳造するのに充てられたものである。また品川台場へ火砲を供給するため、幕府は江川太郎左衛門の建議にもとづいて、江戸と伊豆の代官支配地にそれぞれ鋳砲場と反射炉を建設するための費用も支出している。計上された予算は、これらの諸経費全体を包括したものと思われる。

表Ⅱ－2　台場警備担当藩の変遷

年号＼台場	一番台場	二番台場	三番台場	五番台場	六番台場	御殿山下台場
嘉永6(1853)年	川越藩	会津藩	忍藩			
安政元(1854)年				庄内藩	松代藩	鳥取藩
安政2(1855)年						
安政3(1856)年						
安政4(1857)年						
安政5(1858)年						
安政6(1859)年		姫路藩		小倉藩		
万延元(1860)年						徳島藩
文久元(1861)年		福井藩			福井藩	
文久2(1862)年						
文久3(1863)年	広島藩		高崎藩	松江藩		水戸藩 中津藩
元治元(1864)年	忍藩	川越藩	宇和島藩	川越藩	松代藩	
慶応元(1865)年						
慶応2(1866)年					高崎藩 白河藩	山形藩
慶応3(1867)年		二本松藩 姫路藩		佐倉藩	松代藩	
慶応4(1868)年			高崎藩		津山藩	

艦船の製造は、江川太郎左衛門が伊豆の戸田村で行なった、砲艦一二隻の建造に充てられたものと考えられる。これらの砲艦は二本マストのスクーネル型帆船で、「君沢型」六隻とそれを小型化した「韮山型」六隻から成り、安政二〜三（一八五五〜五六）年に品川台場へ回航・配備された。

品川台場の建設に要した費用の総額は、安政四（一八五七）年七月に出された決算書によると、七五万二九六両一〇八文三分であった(44)。嘉永六年八月二十日、幕府は江戸湾内海の防備を整えるため、各代官を通じて全国の幕領に海防献金を命じ、総額九六万三九六七両一分一朱と銀八四枚に及ぶ上納金を得た(45)。さらに同年十二月二十六日には、一朱銀の新規鋳造が布告され、いわゆる「お台場銀」の発行をみることとなった。品川台場の建設費用は、これら在方からの海防献金と、一朱銀の改鋳に伴う量目変更で得られる差益（当時これを吹替御益金と称した）により賄われたといっても過言でない。

新吹の嘉永一朱銀は、それまでの文政一朱銀を小型化し、表の「以十六換一両」という標記を「一朱銀」に改めたもので、幕府は次のような布告を発して通用の徹底を図った(46)。

此度世上通用之為南鐐上銀を以一朱銀吹立被仰付候間右一朱銀十六を以金一両の積尤銀銭共両替一分銀同様の割合相心得取交通用可致候

嘉永一朱銀の品位は、銀九三・七五パーセントと銅六・二五パーセントの合金から成る「上銀」で(47)、従前のものと同様だったが、量目については文政一朱銀の二・三六グラムから三〇パーセント近く減少し、一・八八グラムとなった（図Ⅱ－3）。

実物大

お台場銀(嘉永一朱銀)

台場通宝(実在しない後世の偽作貨幣)
出典：品川町役場『品川町史　上巻』(品川町役場、1932年) 135～136頁。

図Ⅱ－３　お台場銀と台場通宝

品川沖の普請場で働く人足の賃金は、当時の俗謡に「お台場のウ土かつぎイ、先きで飯喰つて二百と五十」[48]とうたわれたように、日払いで二五〇文すなわち一朱だった。台場の普請に携わる人足は、一日およそ五、〇〇〇人に達したといわれ、[49]嘉永一朱銀は日当支払いに用いるための貨幣としても大きな需要があった。

幕末当時「洒落気の多い江戸ッ子は、其時の大事件たる、お台場築造と同時故に、両者を結び附けて[50]」、嘉永一朱銀を「お台場銀」とか「お台場」と呼んだとされる。台場の現場で働く人足の総数から考えると、日当として支払われていた賃金は一日あたり三〇〇両を超す計算となる。品川台場の施工期間はおよそ三年であり、この間人足に支払われた賃金を単純計算してみると、その総額は三〇万両余となる。[51]

人足の集まる品川宿周辺は、これに伴って好況を呈したといわれ、そうした俄か景気をもたらした「人足銭」の意味を含めて、江戸庶民は嘉永一朱銀を「お台場銀」と諢名したのであろう。

他方、「台場通宝」と称する銅貨が、品川台場の建設にまつわるものとして、今日伝世している。この「台場通宝」については、昭和七〜八（一九三二〜三三）年にかけて真偽をめぐる論争が行なわれ、後世の偽作と認定された経緯がある。(52)そもそも「台場通宝」が世上に広く知られるきっかけとなったのは、昭和七年刊行の『品川町史』に「多数の人足に日々支払ふ為に便宜の通貨五十文・二百五十文等を鋳造して使用した(53)」という形で紹介されたことであった。

品川町役場の編纂した公的刊行物がこれを取り上げた背景には、南品川猟師町の名主だった大島良之助という人物が、「この通貨を多くの人に提示して、お台場の中から拾ったものだということをのべ(54)」ていた事実があった。

また史跡公園として公開されていた三番台場でも、昭和七年頃から、(55)「昔お台場築造ノ時人足ニ渡シタルお金発見、御一見希望ノ諸氏ハ、事務所デ御覧下サイ」との掲示を出し、「此のお台場で掘出した」ものと説明するようになったといわれる。(56)

今日いわゆる「台場通宝」として伝存する銅貨には、短冊形のもの三種類と分銅形のもの三種類がある。前者は表に「台場通宝、江戸品川、額面（二百五十文、二百文、五十文）」、裏に「嘉永六癸丑年、御台場役所、人足用」とあり、上部表裏面に鋳出されたビタ銭文様の中央に角孔が穿ってある。後者は表に「嘉永六癸丑年、額面（二百五十文、百文、五十文）」、裏に「江戸品川、御台場用、人足通用銭」とあり、上部に円形の小孔があけられている。

これら「台場通宝」は、小田部市郎という鋳物師が大正四〜五（一九一五〜一六）年頃に創作したもので、象牙彫師の林蔵という者が原型製作にあたったものとされる。小田部はこの他にも多種類の創作貨幣を作っていて、「一枚摺りにその製作品の図を印刷し、番号と価を附したものを配り(57)」販売していたらしい。

因みに三番台場を管理していた東京市公園課の井下清課長は、「台場通宝」の真偽をめぐる論争に際し、「あれは全く偽造と承知致し居り候」との立場から、「台場番人は他より貰ひしものにて、何等責任なきものに候へども、小生の責任を問はれ、目下平降致し居る次第に有之候」と述べている(58)。

註

(1) 勝安房編『陸軍歴史　上巻』(陸軍省、一八八九年)、「巻一〇」八三頁。
(2) 「富津埋立御台場御取立之儀ニ付御書付之趣御答申上候書付」(韮山町史編纂委員会『韮山町史　第六巻下』韮山町史刊行委員会、一九九四年)六一七〜六一九頁。
(3) 港区役所『港区史　上巻』(港区役所、一九六〇年)一〇九六頁。
(4) 「海岸御見分ニ付見込之趣申上候書付」(東京市保健局公園課『品川台場』東京市、一九二七年)二五頁。
(5) 前掲『韮山町史　第六巻下』六一八頁。
(6) 前掲『陸軍歴史　上巻』、「巻一〇」八三頁。
(7) 戸羽山瀚編『江川坦庵全集　下』(巌南堂、一九七九年)一〇一頁。
(8) 「太郎左衛門創意ニ而品川海砲台築造事」(大原美芳『江川坦庵の砲術』自家版、一九八七年)一六七頁。
(9) 同右、一六七頁。
(10) 前掲『品川台場』三二頁。
(11) 仲田正之『韮山代官江川氏の研究』(吉川弘文館、一九九八年)五八七頁。
(12) 国立国会図書館蔵(この史料は、内海御台場御普請御用を拝命した高松彦三郎によって書かれた日記で、以下「高松日記」と略記する)。
(13) 前掲『陸軍歴史　上巻』、「巻一〇」四九頁。
(14) 東京市役所『東京市史稿　港湾篇第二』(東京市、一九二六年)九二九〜九三五頁。
(15) 吉野真保『嘉永明治年間録　上巻』(巌南堂、一九六八年)一一〇の一八〜一九頁。
(16) 前掲『陸軍歴史　上巻』、「巻一〇」五九頁。

(17) 前掲「高松日記　巻一」(嘉永六年八月二十八日の条)。
(18) 前掲『東京市史稿　港湾篇第二』九二八〜九二九頁。
(19) 前掲「高松日記　巻二」(嘉永六年九月十七日の条)。
(20) 大蔵省編『日本財政経済史料　巻五』(財政経済学会、一九一四年)九三四頁。
(21) 前掲「高松日記　巻四」(嘉永六年十月二十七日の条)。
(22) 港区教育委員会事務局『第一台場遺跡発掘調査報告書』(日本鉄道建設公団東京支社、一九九九年)三八頁。
(23) 前掲「高松日記　巻五」には「五十盤木」とある(嘉永六年十一〜十二月の条)。
(24) 三浦正幸『城のつくり方図典』(小学館、二〇〇五年)五四〜五五頁。
(25) 前掲『第一台場遺跡発掘調査報告書』三三頁。
(26) 前掲『日本財政経済史料　巻五』九三〇頁。
(27) 前掲「高松日記　巻七」(嘉永七年二月四日の条)。
(28) 同右、「巻十二」(嘉永七年七月九日の条)。
(29) 同右、「巻九」(嘉永七年三月十一日の条)。
(30) 同右、「巻十六」(嘉永七年十一月十五日の条)。
(31) 東京大学名誉教授新谷洋二先生の御教示による。ただし、五番台場の石垣に関しては、石積法の詳細が今日既にわからなくなっている。
(32) 前掲『陸軍歴史　上巻』、「巻一〇」八四頁。
(33) 東京帝国大学『大日本古文書　幕末外国関係文書六』(史料編纂掛、一九一四年)一二一頁。
(34) 中井晶夫訳『オイレンブルク日本遠征記　上』(雄松堂、一九六九年)七二頁。
(35) 前掲『陸軍歴史　上巻』、「巻一〇」八三頁。
(36) 前掲『東京市史稿　港湾篇第二』九七八頁。
(37) 木版一枚刷の瓦版で、無刊記。類似内容の瓦版が二〇種類ほど版行されている。これらの瓦版はペリー再来もしくはその直前の段階で版行されたものと思われ、一〜三番までの三基の台場だけを描くものがほとんどである。
(38) 原剛『幕末海防史の研究』(名著出版、一九八八年)五五頁。
(39) 前掲『品川台場』三七頁。

(40) 前掲「高松日記　巻十七」(嘉永七年十二月十七日の条)。
(41) 前掲『陸軍歴史　上巻』、「巻一〇」一〇三頁。
(42) 「御入用凡高」(前掲『日本財政経済史料　巻五』) 九二二～九二三頁。
(43) 同右、九二二頁。
(44) 「御台場新築仕上一件」(同右) 九二四頁。
(45) 前掲『幕末海防史の研究』二一頁。
(46) 前掲『嘉永明治年間録　上巻』一一〇の六四頁。
(47) 塚本豊次郎『改訂　本邦通貨の事歴』(有明書房、一九八三年) 一四一頁。
(48) 芝区役所『芝区誌』(芝区役所、一九三八年) 一五六〇頁。
(49) 港区文化財調査委員会『海岸の歴史と風俗』(港区教育委員会、一九六六年) 四一頁。
(50) 田中啓文「『台場通宝』について」(『武蔵野』第一九巻第一号、一九三三年一月) 八頁。
(51) 佐藤正夫氏の研究でも、「人足関係」の工事費目は三一万六七九〇両と算出されている(佐藤正夫『品川台場史考』理工学社、一九九七年、一二〇頁)。
(52) これについては、左記の文献を参照のこと。
・岡村金太郎「台場通宝」(『武蔵野』第一八巻第四号、一九三二年四月) 一六～二〇頁。
・田中謙、井下清、中沢澄夫「問題の『台場通宝』について」(『武蔵野』第一八巻第六号、一九三二年六月) 五一頁。
・前掲「『台場通宝』について」六～九頁。
(53) 品川町役場『品川町史　上巻』(品川町役場、一九三二年) 一三五頁。
(54) 品川区教育委員会『品川台場調査報告書』(品川区教育委員会、一九六八年) 三六～三七頁。
(55) 岡村金太郎氏は「三番台場へ数年前始めて行つた時は無かつたが本年(昭和七年) 二月二十一日生物趣味の会で数人の会員と再び行つた時其時の銭であると云ふのが昨年とか出たと云ふので見せて貰つた」と述べている(前掲「台場通宝」一九頁)。
(56) 前掲「『台場通宝』について」六頁。
(57) 同右、七頁。
(58) 前掲「問題の『台場通宝』について」五一頁。

二、オランダ築城書

品川沖の海堡を建設するにあたり、「御台場取建方」の責任者であった江川太郎左衛門は、西洋式築城術にもとづいてこれを設計する方針をとった。その背景には、ペリー来航以前の江戸湾海防で重視されてきた湾口防備において、西洋流砲術の導入が図られつつも、台場それ自体が旧式な和流兵法の築城術を脱却できておらず、近代的な砲戦に対応できる条件が整っていなかったことへの自省があった。

伊豆韮山の江川太郎左衛門の許では、嘉永年間に入った頃から、オランダ原書にもとづく西洋築城術の研究が行なわれていた。嘉永三(一八五〇)年に韮山を訪れた佐賀藩士本島藤太夫は、江川が後述するサハルトの築城書を翻訳したり、それにもとづいて多稜堡の模型を製作したりしていたことを記録している。[1]また、同書の図面にもとづいて造られた六稜堡の部分模型が、現在も韮山の江川文庫に保存されている。[2]

品川台場を建設するにあたって江川太郎左衛門が参照したオランダ築城書については、江川文庫所蔵の「御備場御用留」に記された「台場築造に用いた西洋書籍」[3]と題する史料から、その概要を知ることができる。先行研究でこの史料に言及したものはいくつかあるが、[4]個々に原書を特定しその内容を分析するまでに至っていない。

本章では、国立国会図書館の保管する「江戸幕府旧蔵蘭書」[5]中の原書と、江川文庫に保存されている古文書史料中の「洋書・訳書」[6]を照合しつつ、上記史料に示されたオランダの原書について検証したい。なお、これらの原書は築城書と砲術書に大別できるため、以下この区分をもとに解題を進める。

(1) 築　城　書

前記史料の中にみえる次の五種類の書籍が、築城書のカテゴリーに含まれるものである。これらは一八三〇年代の書籍が主で、一八四〇年代のものが一点だけ確認できる。何れも前装滑腔砲段階の軍事技術に対応した内容となっている。

・サハルト(人名)之製城書
・エンゲルベルツ(人名)之製堡書
・パステウル(人名)之製城家之為に著述いたし候辞書
・ケルキウエーキ(人名)之海岸之條
・フルシキルレンデ・ソールテン・ファン・バッテレイン(書名)

〈1〉サ　ハ　ル　ト

これは、フランスのサハルト(Savart, N.)が著した築城書を、オランダのナンニング(Nanning, F. P. G.)が蘭訳したもので、*Beginselen der versterkingskunst*――要塞技術の基礎――(Gravenhage : Gebroeders van Cleef, 1827-28)と題するものである。同書は次の二巻二冊から構成され、第二版が一八三六～三七年に出版されている。[7]

Eerste deel. Veldverschansing　　――第一巻・野戦堡塁――

Tweede deel. vestingbouw　——第二巻・要塞建設——

江川文庫には、この原書をオランダ語のまま毛筆で書き写した写本が保存されている。佐賀藩士本島藤太夫の記した「松乃落葉」に、「江川氏被仰聞候公儀御蔵本サハルド原書[8]」との記述がみられることから、江川は幕府からこの原書を借用して、写本を作成したものと考えられる。現存する写本には、「一八三六出版、サナールト氏、強盛術、第壹巻（全二冊）」および「一八三七年出版、サナールト氏、強盛術、第貳巻（全二冊）」の付箋があり[9]、第二版を筆写したものであることがわかる。

また、江川文庫には同書の邦訳本が「強盛術」の題名で伝存している。これは江川の家臣矢田部郷雲が翻訳したもので、目次構成は「原上篇」「原中篇（上・下）」「原下篇（上・下）」となっているが[10]、現存するのは「原上篇」の第一篇と第二篇だけである。「松乃落葉」には、「サハルド翻訳書　六冊」とか「サハルド釈書　五冊」といった形で記されており[11]、完訳とはいかないまでも、かなり翻訳が進んでいたらしいことが窺える。

因みにサハルトの築城書は、品川台場の設計にあたって、台場の平面プランや配列といった点で参考にされたようであり、「間隔連堡」といった訳語にも、矢田部による邦訳本に依拠するものが認められる。

〈2〉エンゲルベルツ

エンゲルベルツ（Engelberts, J. M.）の著書については、「江川氏秘記[12]」の中の「台場之義ハエンゲルベルツノ築城書ニ所載ノ間隔連堡ノ内『レドウテン』ノ『リニー』ト申堡ニテ」という記述から、多くの先行研究が何らかの形で触れているものの、原書が明確な形で特定されてこなかった。

こうした中、『東京湾第三海堡建設史』では品川台場の建設にあたって参考とした蘭書に、江川文庫が所蔵する

Handboek der bevestigingskunst を挙げ、「防海試説」を同書の邦訳本として紹介している。[13] 確かに上記の *Handboek der bevestigingskunst*――築城技術の手引書――(Gravenhage:Erven Doorman, 1838)はエンゲルベルツによる蘭訳書であり、江川文庫には四冊から成る写本の形で伝存しているが、[14] 管見した限りでは品川台場の設計と直接的につながる部分は明らかでなかった。また「防海試説」についても、この原書を邦訳したものではないことを指摘しておく必要があろう。

他方、国立国会図書館の「江戸幕府旧蔵蘭書」の中には、同じくエンゲルベルツの著した *Proeve eener verhandling over de kustverdediging*――沿岸防禦に関する実例的論文――(Gravenhage : Erven Doorman, 1839)が収められている。同書は江川文庫にも、オランダ語の原書を毛筆で書写した写本の形で残されており、[15] 江川太郎左衛門の許で参照されていたことが知られる。

内容は、沿岸台場に関する七章の論考から成り、品川台場の構造(特に塁台)にかかわる記述が多く認められる。史料中に記された「エンゲルベルツの築城書」は、本書を指すものであることに間違いなかろう。

邦訳本としては、国立公文書館に保存されている前出の「防海試説」がある。これは、九巻九冊から成る本文と附図一冊の計一〇冊から構成される写本で、訳者・成立年とも記されていない。因みにこの写本は、昌平坂学問所の旧蔵本で、[16] 江川ら幕府関係者にとって利用可能な位置にあったが、品川台場の建設にあたって参照されたか否かについては不明である。なお、「防海試説」の目次構成は次のようなものであり、[17] 原書をほぼ完訳した内容となっている。

第一篇　海岸防禦ノ総括

第二篇　海浜ノ防禦スベキ岬ノ製造

A石塔

B海浜台場
C防禦スベキ海水ニ従テ台場ヲ築ク位置
第三篇
a海浜台場ノ水面ニ出ル高サヲ録ス
b胸壁ヲ築タル海浜台場ノ側面
c海浜台場内部ノ結構
d海浜台場ノ造営
e敵軍精兵ニテ襲来ルヲ防禦スル術
fヘカセマール　デ　キュストハッテレーン
gケプリンデール　デ　キュストハッテレーン
h大ナル「ボム《(ママ)》避ノ上ニ築クル台場
i海浜ノ臨時ニ備フヘキ処
第四篇　海禦ノ要説及ヒ堡府城ノ築造
第五篇　海浜ノ防禦スヘキ地ニ銃砲ヲ備ル事ヲ録ス
第六篇　海浜台場兵士ノ活用
第七篇　防海援助ノ水軍

また韮山の「長沢家文書」には、エンゲルベルツの同じ原書から、「第五章　海岸砲台の戦術（Taktiek der kustbatterijen)」中に示された十四カ条の教則を抄訳した「台場ヨリ敵船射擲心得書」[18]が含まれている。こうしたことから考えて、江川の許では「防海試説」とは別に、独自の邦訳本が作られていた可能性が高い。

〈3〉パステウル

これは、パステウル(Pasteur, J. D.)の著した *Handboek voor de officieien van het korps Ingenieurs,Mineurs en Sappeurs*——軍の技術者・坑道兵・工兵将校のための便覧——(Zutphen : H. C. A. Thieme, 1837-38)と題する、築城事典というべきもので、一～三巻が本編・四巻が補遺となっている。

国立国会図書館の「江戸幕府旧蔵蘭書」に含まれるほか、江川文書にも同じ輸入原書が残されている。佐賀藩士本島藤太夫が嘉永三(一八五〇)年に江川太郎左衛門の許で洋式兵学を学んだ折にも、同書を参照しており[19]、江川は比較的早い時期にこれを入手・研究していたことが知られる。

内容は項目別の解説を集成した事典のスタイルとなっており、品川台場の建設に際して参考とされたのは、「Kustbatterij : 海岸砲台(p. 109)」「Linie : 防禦線(pp. 127-128)」「Redoute : レドウテ(pp. 350-352)」であったと思われる。

既出史料にみられる「レドウテン之入口を四エルに作り候事者、バウテウル(人名)之製城家之為に著述いたし候辞書之内ニも相見申候[20]」という件りは、同書中の「どのレドウテも一個の入口を有する必要があり、それは一般に四エルに開かせる[21]」という記述を引用したものである。

〈4〉ケルキヴィーク

これはケルキヴィーク(Kerkwijk, G. A.)の *Handleiding tot de kennis van den vestingbouw*——築城に関する知識の手引書

——(Breda : Broese & Comp., 1846)と題する著書で、国立国会図書館の「江戸幕府旧蔵蘭書」のほか、江川文庫にも幕末に輸入された原書が収蔵されている。副題にvoor de kadetten der genie en artillerie——工兵と砲兵の士官候補生用——とあるように、築城術の基礎理論をまとめたものである。

既出史料に「ケルキウエーキ(人名)之海岸之條」と記されているが、これは同書の第一〇章(pp.446-469)に相当するものと推定される。具体的な参照箇所について徴すべき記事はないが「Kustverdediging : 海岸防禦(pp. 457-460)」「Kustbatterijen : 海岸砲台(pp. 460-469)」が、「海岸之條」にかかわる部分である。

〈5〉スチルチース

既出史料に「フルシキルレンデ・ソールテン・ファン・バッテレイン(書名)」とあるのがスチルチース(Stieltjes, G. T.)の著書 *Handleiding tot de kennis der verschillende soorten van Batterijen*——砲台の様々な種類に関する知識の手引書——(Breda : Broese en Comp., 1832)である。

同書についても「海岸之條」とあるだけで、参照部分を具体的に示す記述はないが、第一章中の第二五項「Kust-batterij : 海岸砲台(pp.90-98)」がこれに該当する。

江川文庫にはオランダ語の原書を毛筆で書き写した写本が二冊本の形で収蔵されており、江川太郎左衛門の手許で参照されたことが知られる。ただし同文庫に邦訳本は伝存しておらず、どの程度まで翻訳が行なわれたのかは不明である。

なおスチルチースのこの著書は、嘉永元(一八四八)年に高野長英が「砲家必読」の題名で完訳しており[22]、写本の形で伝播していた。江川文庫には伝存していないが、品川台場の建設に際して参照されたのは、この写本だった可能性もある。

（2）砲術書

海軍と陸軍の砲術書それぞれ一冊ずつが、既出の史料リストに掲載されている。何れも球形砲弾を使用する前装滑腔砲段階の教本で、火砲の種別・操法・射撃学のほか、それらの戦術運用や砲台についての解説がなされたものである。

・ゼイアルチルレリー（書名）
・ベウセル（人名）陸用砲術書

〈1〉カルテン

カルテン（Calten, J. N.）の著書 *Leiddraad bij het onderrigt in de Zee-artllerie*——海上砲術の教育に関する指針——（Delft : B. Bruins, 1832）が、「ゼイアルチルレリー」の原書名である。天保十三（一八四二）年、幕命を受けて蛮書和解御用の杉田成卿ら六名が翻訳にあたった「海上砲術全書」が成稿し、嘉永年間には写本として伝播していた[23]。

国立国会図書館の「江戸幕府旧蔵蘭書」中には、この時の翻訳に用いられた原書が収蔵され、江川文庫にはその訳本「海上砲術全書」が写本七冊の形で伝存している。品川台場建設に際して参照されたのは同書中の「海岸之條」とあるが、これに関連するのは第一〇章の「Veldverschansing：野戦築城（pp.345-386）」と第一一章「Aanval en verdediging der kusten：海岸の攻撃と防禦（pp.387-416）」である。

江川らはカルテンの原書ではなく、既に公式の訳本として知られていた「海上砲術全書」を利用した可能性が高い。訳本の中で上記の箇所に相当するのは、巻二十四〜二十六「築堡」と巻二十七〜二十八「海岸攻守」で、前者は杉田成卿・後者は箕作阮甫の翻訳になる。(24) なお、同書は砲術の解説を主題としたものであり、品川台場の備砲選定にあたって、大きな役割を果たしたものと思われる。

〈2〉ベ ウ セ ル

これはベウセル（Beuscher, W. F.）の著した *Handleiding voor onderofficiern tot de kennis der theoretische en practische wetenschappen der artillerie*――砲兵の理論的・実務的学術の知識に関する、下士官向け手引書――（Amsterdam:Gebroders van Cleef, 1834-36）である。

江川らが参照したのは「海岸台場之條」とされているが、それは同書第五部「砲台について」の第三章、「築城」中の次の箇所が相当する。(25)

G．海岸砲台について
　a．海岸砲台の配置
　b．海岸砲台の砲火の運用
　c．海岸砲台の武装

また、第六部「築城技術についての基本原則(26)」も同時に併照されたと考えられるが、同書も砲術の解説を主題とするものであって、砲台関係の記述のウエイトは必ずしも高くない。むしろ備砲の選定に際して参考となった部分が多いのではなかろうか。

同書は、江川の家臣矢田部郷雲によって翻訳が試みられており、江川文庫には「陸用砲術全書」と題する写本として保存されている。題名からも窺われる通り、カルテンの「海上砲術全書」と対をなすものという位置づけで邦訳が行なわれたのであろう。現存するのは「究理実験陸用砲術全書　上編」四冊と、「同　下編」七冊だけで、[27]完訳に至ったのか否かは判然としない。

(3) その他のオランダ築城書

江川の参照リストには載せられていないが、幕末に輸入された築城書の中で大きな影響力をもった蘭書として、ペル(Pel, C. H. M.)の著した *Handleiding tot de kennis der versterkingskunst*――築城技術に関する知識の手引書――(Hertogenbosch:Gebroders Muller, 1852)を見逃すことはできない。

ペルの築城書の輸入原書は、江川文庫にも伝存しており、何れかの時点で江川らが参考にしたであろうことはほぼ確実といえる。これは、万延元(一八六〇)年に至って同書の完訳が「縄武館」から刊行されており、訳者の大鳥圭介が「吾師江川先生有見乎此嚮命属生大鳥圭介訳荷蘭百児氏築城書今茲書成[28]」と記している点からも窺える。

すなわち、大鳥が師と仰いだ江川太郎左衛門(坦庵)は安政二(一八五五)年に没しており、それ以前の品川台場建設が進みつつある段階で、翻訳を命じられていたわけである。同書は、副題に示されたように下士官向けの解説書として著わされたもので、プラクティカルな内容構成となっている。品川台場に関しては、主に内部施設の普請にあたって参照されたものと思われる。

以上、品川台場の設計・築造にあたって参考とされたオランダの築城書について、現存する原書・訳書をもとに考察した。やや集約的な見方をすると「レドウテン」の「リニー」に関する基本セオリーはパステウルの著書、台場の平面プランや配列はサハルトの著書、塁台の構造についてはエンゲルベルツの著書、台場の内部施設全般についてはペルの著書が主に参照されたようであり、ケルキヴィークやスチルチースの築城書を部分的に援用しつつ、「間隔連堡」全体の設計を行なったものと考えられる。設計プロセスを具体的に敷衍できる記録は現存しないため、オランダ築城書の影響を考察するにあたっては、当時使用されたことが確認できる輸入原書ないしその訳本と、台場の図面や遺構を比較することにより、両者の相関性を具体的に検証してゆくという方法が、目下のところ最も妥当な研究手順といえるだろう。

註

（1）杉本勲ほか編『幕末軍事技術の軌跡――佐賀藩史料〝松乃落葉〟――』（思文閣、一九八七年）三五～五四頁。
（2）この台場模型に関しては、拙稿「江川文庫所蔵の台場模型について」（『軍事史学』第四十三巻第一号、軍事史学会、二〇〇七年六月）を参照のこと。
（3）韮山町史編纂委員会編『韮山町史　第六巻下』（韮山町史刊行委員会、一九九四年）六二〇～六二一頁。
（4）仲田正之『韮山代官江川氏の研究』（吉川弘文館、一九九八年）五八五頁。韮山町史編纂委員会編『韮山町史　第一一巻』（韮山町史刊行会、一九九八年）五六〇頁など。
（5）史料リストについては、日蘭学会編『江戸幕府旧蔵蘭書総合目録』（吉川弘文館、一九八〇年）を参照。
（6）史料リストについては、静岡県教育委員会文化課編『江川文庫古文書史料調査報告書一』（静岡県教育委員会、二〇〇七年）を参照。
（7）国立国会図書館蔵。
（8）前掲『幕末軍事技術の軌跡――佐賀藩史料〝松乃落葉〟――』五〇頁。
（9）江川文庫蔵。

(10) 矢田部郷雲訳「強盛術原上編　二」(江川文庫蔵)。
(11) 前掲『幕末軍事技術の軌跡――佐賀藩史料〝松乃落葉〟――』五四頁。
(12) 勝安房編『陸軍歴史　上巻』(陸軍省、一八八九年)、「巻一〇」八四頁。
(13) 東京湾第三海堡建設史刊行委員会『東京湾第三海堡建設史』(日本港湾協会、二〇〇五年)一〇七～一〇八頁。
(14) 同写本の表紙には、「bevestigings kunst door engeberts,eerste stuk, tweede boek, derde boek, vierde boek」の付箋が、各冊に付されている。因みに同書は、ドイツ人ハッケヴィッツ(Hockwiz, V. Von.)の著書を蘭訳したものである。なお、同書の原書(刊本)については、佐倉藩の旧蔵書として「鹿山文庫(千葉県立佐倉高等学校蔵)」に保存されている。
(15) 同書は一冊構成の和装本で、「海岸防禦説」という仮題が付されている。
(16) 国立公文書館編『改訂　内閣文庫国書分類目録　下』(国立公文書館、一九七四年)一一一二頁。
(17) 「防海私説　二」収載の「防海私説総目録」による(国立公文書館蔵)。
(18) 大原美芳『江川坦庵の砲術』(自家版、一九八七年)九五～九九頁。
これは、原書の一五〇～一五七頁に収載された教則(regel)の要点を抄訳したものであり、「防海試説」とは訳文そのものが異なっている。
(19) 前掲『幕末軍事技術の軌跡――佐賀藩史料〝松乃落葉〟――』五四頁。
(20) 前掲『韮山町史　第六巻　下』六二〇頁。
(21) Pasteur, *Handboek voor de officieren van het korps Ingenieurs,Mineurs en Sappeurs,* Tweede deel (Zutphen : H. C. A. Thieme, 1838), p. 351.
(22) 佐藤昌介『高野長英』(岩波書店、岩波新書、一九九七年)二〇一～二〇四頁。
(23) 福井保『江戸幕府編纂物』(雄松堂、一九八三年)四四九～四五一頁。
(24) 国立国会図書館所蔵原書の付箋(p. 329, p. 358, p. 372, p. 387)による。
(25) Beuscher, *Handleiding voor onderofficiern tot de kennis der theoretische en practische wetenschappen der artillerie,* Tweede stukje (Amsterdam:Gebroders van Cleef, 1835), pp. 394-398.
(26) *Ibid*., pp. 399-425.
(27) 前掲『江川文庫古文書史料調査報告　二』二一五～二一六頁。
(28) 大鳥圭介訳『築城典刑　二』(縄武館、一八六〇年、「序」二丁。静岡県立図書館蔵)。なお、大鳥の江川塾入門については、

山崎有信『大鳥圭介伝』（北大館、一九一五年）二〇～二二頁を参照。

三、防禦線の設計

品川台場は、江戸市街部の沖合約二キロメートル、江戸湾内海の奥まった位置に建設された。これは、水深が浅く埋立工事が容易であるという理由のほか、台場の前方約四キロメートルに水深五メートル以内の遠浅が広がっていることで、大型軍艦が艦載砲の射程圏内まで接近できない、という地の利を生かしたものであった。

かくて内海の防禦線は、江戸市街部を直接砲撃することが可能な吃水の浅い砲艦や、沿岸部への上陸を試みようとする小型舟艇の武力行動に対応し得ることを想定し、複数のレドウテンを相互に連携させた形式の海堡列として設計されることとなった。

品川台場に求められた防禦上の機能は、備砲の放列を広い射界と長い射程をもった形で運用でき、台場相互の連携によって周囲の海面へ濃密な十字砲火を形成できるという条件であった。各台場への配備が計画された火砲は、同時期(一八五〇年前半)の欧米列強の軍隊が装備していたものと同様の前装滑腔砲であり、こうした技術水準に対応する形で、台場の配列や構造が決定された。

本章では、品川台場の平面プランや配置に西洋築城術がどのような影響を与えたのかという問題と共に、台場列が立脚する地勢上の条件について考察する。

（1）台場の配置

前記したように、品川台場の平面プランと配置については、「江川氏秘記[1]」の記述をそのまま引用する形で、「間隔連堡のうちのレドウテンのリニー」という言葉で表現する先行研究が多い。その中には、「『リドウテン』の『リニーシキツフ』、つまり台場それぞれの機能を分担させること[2]」という、意味不明の説明を付したものもあり、オランダ築城書の内容が全く検証されていないことがわかる。因みに「リニーシキップ」の原語はLinieschipで、これは戦列を組んだ艦艇の意である。

ここにいう「レドウテン（Redouten）」とは、閉塞式の方形堡ないし角面堡を指すもので、「種々の形を有する[3]」とされる。品川台場では、三番と七〜十一番までの六基に方形堡、一〜二番と四〜六番までの五基にその前部を切った角面堡の形状が採用されている。このうち、一番と二番台場、四番と六番台場、七〜十一番台場はそれぞれ同一の外形・法量をもつものとして設計された[4]（図Ⅱ－4）。なお、品川台場は海堡であるため、全ての台場の後端部に波止場が設けられていた。

次に「間隔連堡」であるが、これは前記のレドウテンを所要の規則にもとづいて横列に配置することで形成される防禦線（De linien met tusschenruimte）を示す訳語である。この訳語を創製したのは、江川の家臣で蘭学者の矢田部郷雲である。これは、「連堡（リニエン）」とか「レドウテン（堡名）」などと共に、同人訳「強盛術」で使われている訳語で[5]、品川台場の設計にあたっては、その原書であるサハルトの築城書が使われたことが知られる。

サハルトの著書には、レドウテンの配列模式図（図Ⅱ－5）が収載され[6]、「個々のレドウテンは相互に、お互いを援護

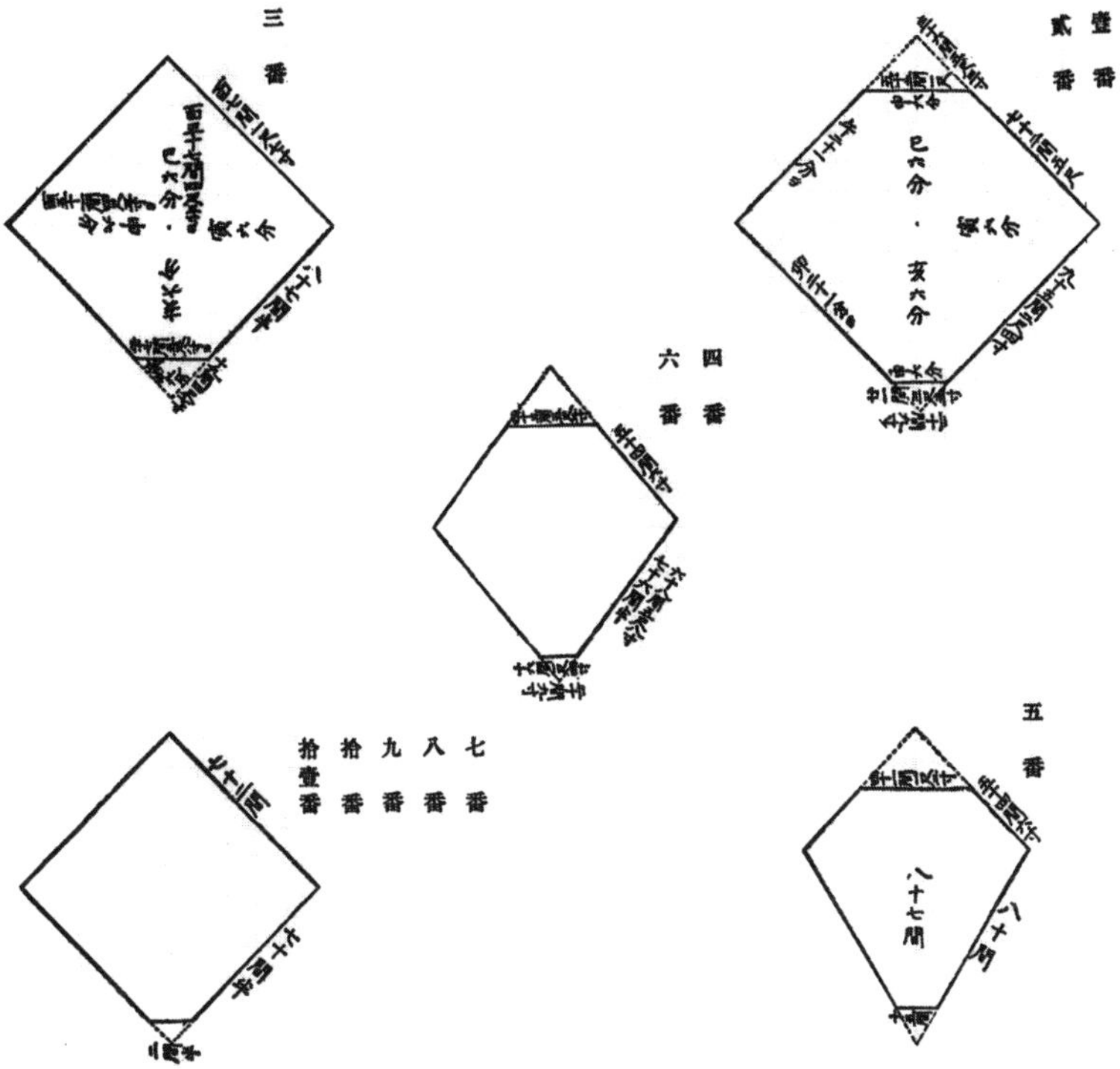

図Ⅱ－４　品川台場の平面プラン
出典：前掲『東京市史稿　港湾篇第 2』929～933 頁。

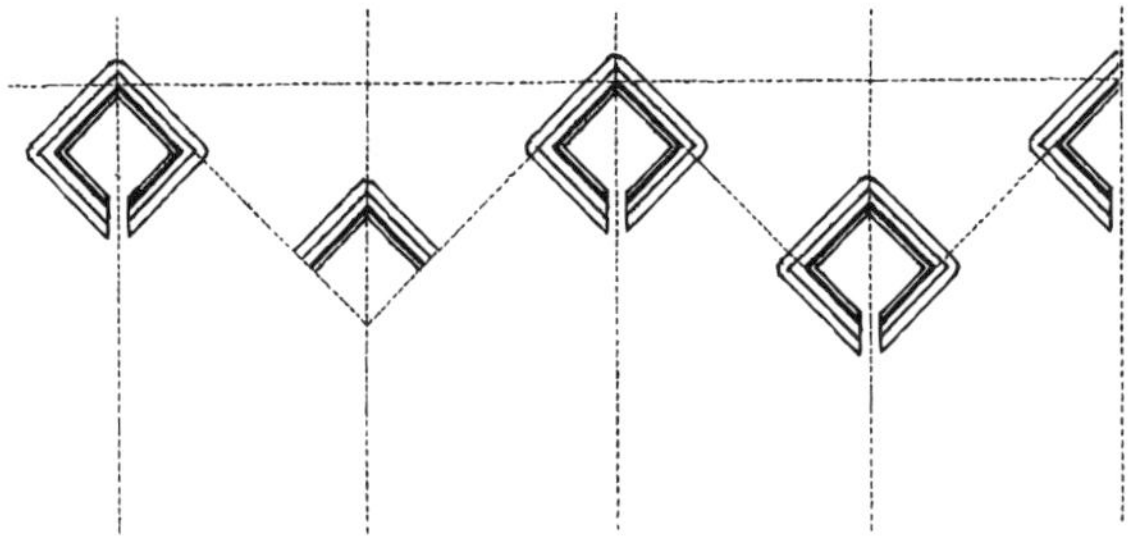

図Ⅱ－５　レドウテンの配列模式図
出典：Savart, N., *Beginselen der versterkingskunsnst* (Gravenhage: Gebroeders van Cleef, 1827-28), PL. VII., fig. 64.

し合うための適切な間隔をもつ[7]」べきことが説明されている。幕末に作成された、一～六番台場の配置図をみると[8]、こうしたセオリーにもとづいて配列計画が行なわれたことが窺える。なお同図では、一番台場を基準線から一〇度ズラした位置に描いているが、これは角面堡である同台場の右前面の備砲の射界を、海上に向けてとるための措置であろう。明治十年代に実測された陸地測量部の二万分の一迅速図をみると、実際に一番台場はこの通りの位置関係で建設されたことが確認できる。

当初一一基のレドウテンから成る防禦線として計画されていた、品川沖の台場列全体について、未完成ないし未着工に終った七～十一番台場の推定位置を含め、本稿独自にその配置復元を試みたものが図Ⅱ－6である。品川台場全体の配置計画を示す史料としては、幕末当時に成立した図Ⅱ－7に示す写図[9]や、「柳都海岸略図[10]」などの刷物が伝存している。ただし前者は当時の一般的画法にもとづく彩色写図、後者は木版彩色刷の絵地図であって、正確な縮尺を備えた設計図ではない。

これらの配列にかかわる概念図と、既設の台場列を実測した明治期の迅速図を照合しつつ、サハルトの築城書のセオリーをもとに考えると、品川台場の配置は、一～十番台場までが原書の配列模式図に倣い、最後の十一番台場だけがその横へ位置した十番台場に並列するという、オリジナルとは幾分異なった設計であったことが知られる。

サハルトの築城書にあるレドウテン相互間の適切な間隔について、品川台場では至近距離に接近した小型の敵艦艇に対する備砲の射程、特に「霰弾射」の有効射程をもとに決めていたと推定される。ここにいう「霰弾射」とは、ブリキ製の円筒に径三センチメートル程の鉄弾子を填めた「鉄葉弾(Blikdoos)」を用いるもので、火砲から発射されると、これらの鉄弾子は文字通り「霰弾」となって目標へ降り注いだ。これは、砲艦の艦橋や甲板上で操艦・操砲にあたる船員、もしくは舟艇で上陸を試みようとする兵士らを殺傷するのに効果があった。

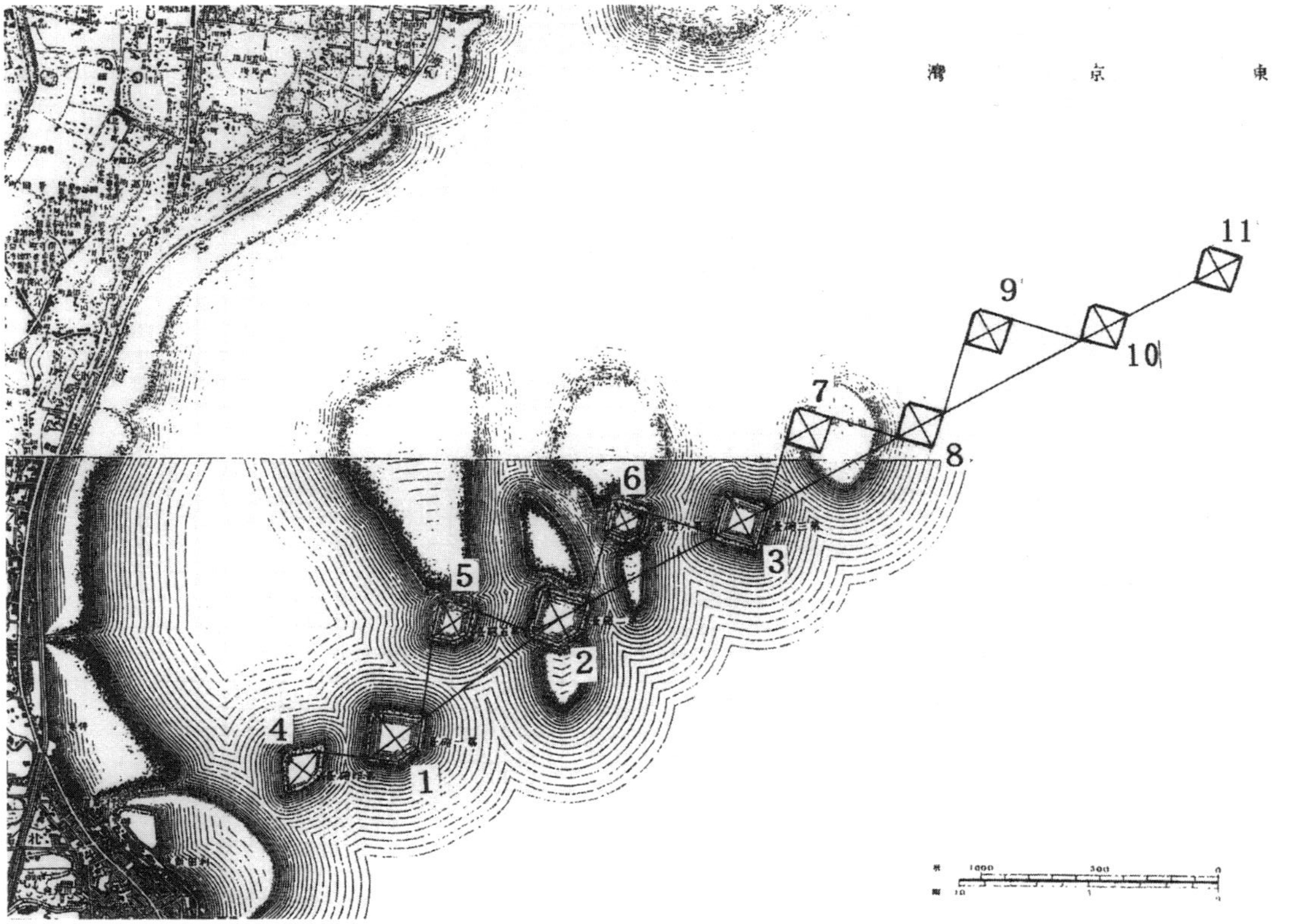

図II-6　品川台場の配列計画（復元）
「一／二〇〇〇〇迅速図・品川」（陸地測量部、一八九一年）に加筆。

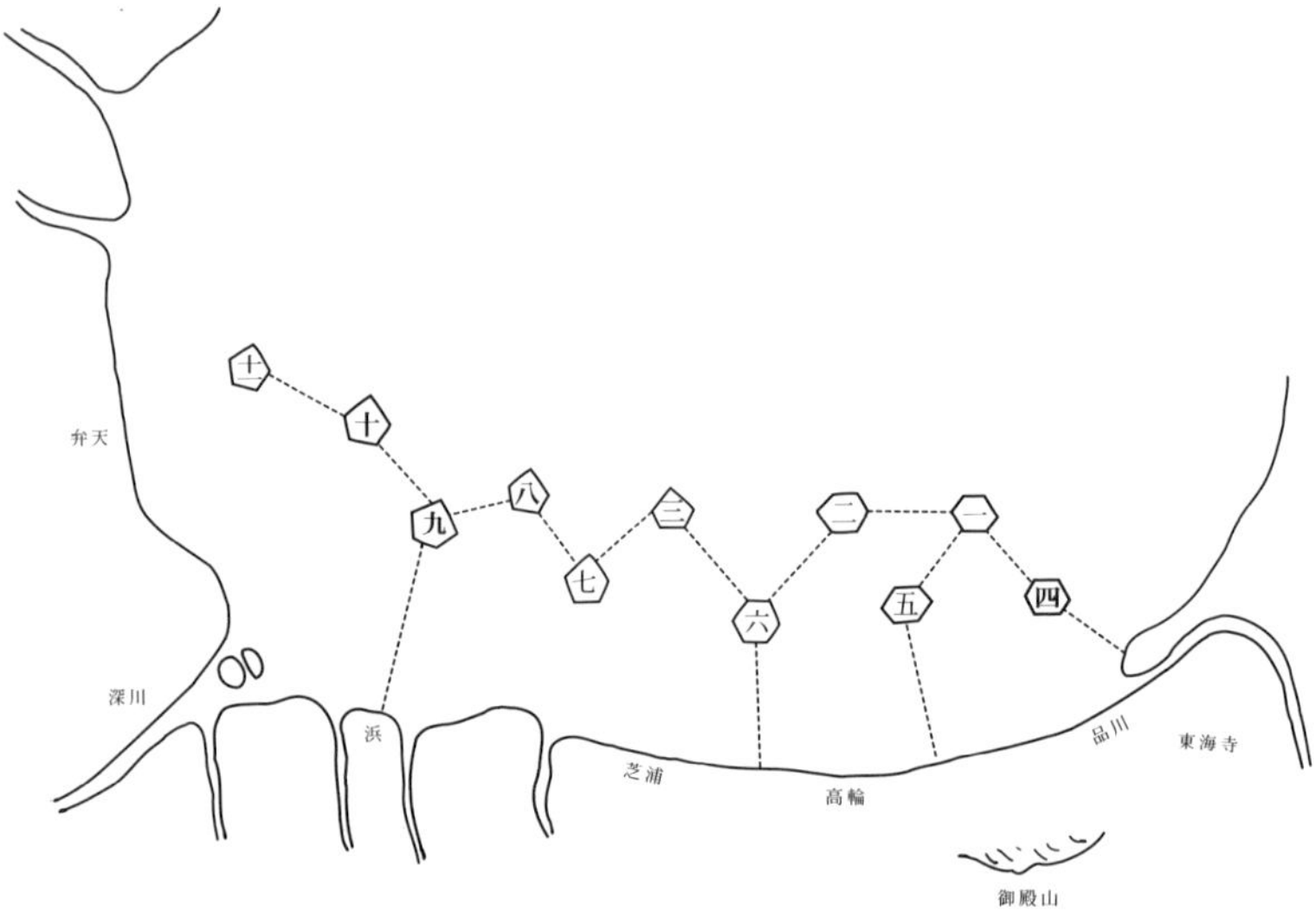

図Ⅱ－７　品川台場の配列写図

東京都編『東京市史稿　市街篇 43』（東京都、1956 年）付図に拠り作成。

品川台場では佐賀藩へ鋳造を依頼した三六ポンドカノンを除き、全ての備砲にこの「鉄葉弾」が交付されていた記録がある。[11] なお「鉄葉弾」を使用した場合、二四ポンドないし一二ポンドカノンでは「七町一九間二尺（七九七メートル）」、六ポンドカノンで「五町七間三尺（五五八・六メートル）」、一五ドイムランゲホウイッツルで「三町五五間（四二六メートル）」の最大射程を有していた。[12]

また品川台場は、江戸市街の沿岸部から約二キロメートル離れた沖合に建設されていたが、これは各台場の背面（岸向き）に配備された一二ポンドカノンの最大射程に対応するものである。同砲の射程距離は「一二町三二間一尺（一、四五八・二メートル）」[13]とされ、これを地形図上にプロットすると、その位置関係が明確となる（図Ⅱ－８）。

なお、こうしたレドウテンを連ねた防御線の利点としてペルの築城書の中では、建設のために要する時間と労力が少なくてすむことや、戦闘に際して一部に損害を受けてもそれが防御線全体に影響しにくいこと等が指摘されている。[14]

図Ⅱ－８　品川台場の火力構成
「1/20000　迅速図・品川」（参謀本部陸軍部測量局、1887年）に加筆。
※点線で示したのは、「霰弾射」の射程距離。

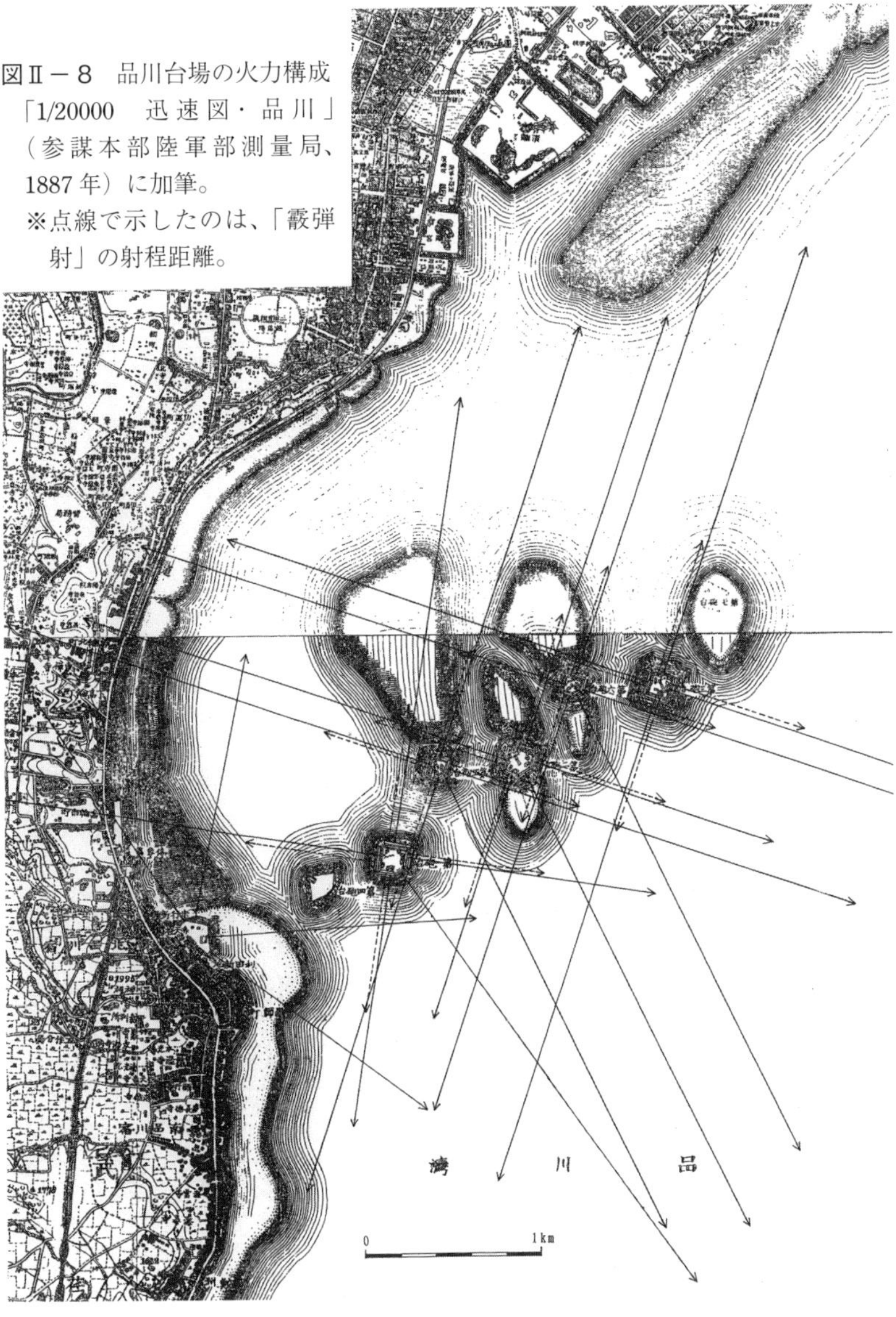

台場の本来的な役割は、砲台としての機能を有効に発揮することであり、その基本構造に関してエンゲルベルツは、「水路に対しておびただしい十字砲火（Kruisvuren）をなせるようにしなければならない」[15]と述べている。実際に竣工した一〜三番台場と五番・六番台場によって形成される防禦線の火力構成を示したのが図Ⅱ－8であるが、上記のセオリーにもとづいていることがわかる。

江川太郎左衛門は、海岸砲台が備え得るべき機能として「迎打（Tegemoetkomende）」「横打（Evenwijdige）」「追打（Vervolgende）」の三種を挙げており[16]、品川台場においてはこれらを組み合わせた火力構成となるような設計を行なっていた。すなわち、一番・二番・五番・六番台場はその前部を切って、防禦線の正面方向（三〜四メートルの水深を有し、幕末当時には小型船の航路となっていた）に対する「迎打」の機能をもたせ、また全ての台場の左右前面から行なう「横打」によって、防禦線の前方へ濃密な十字砲火を形成することができた。さらに全台場の背面に野戦砲を配備して、十字砲火による「追打」を行なえるようにし、敵艦艇の迂回進入に備えた。

（2）品川台場の立地

品川台場は、江戸市街部沖合に広がる遠浅の海中に、洲や澪筋の位置関係を踏まえながら、水深の浅い箇所に埋立てを行ないつつ建設された。その周囲には江戸川河口に広がる有名な三枚洲のほか、「大三角、小三角、上蜆島、下蜆島、江戸川口中洲、出洲等の大小様々な洲」[17]が存在し、遠浅の海岸を形づくっていた。また澪は、「砂洲へ河川が入ってからの流路となる部分」[18]で、水深がやや深くなっているため、小型船の航路として利用された。こうした海底地形の起伏と台場の位置関係を示すものとして、明治初期の東京実測図がある[19]（図Ⅱ－9）。

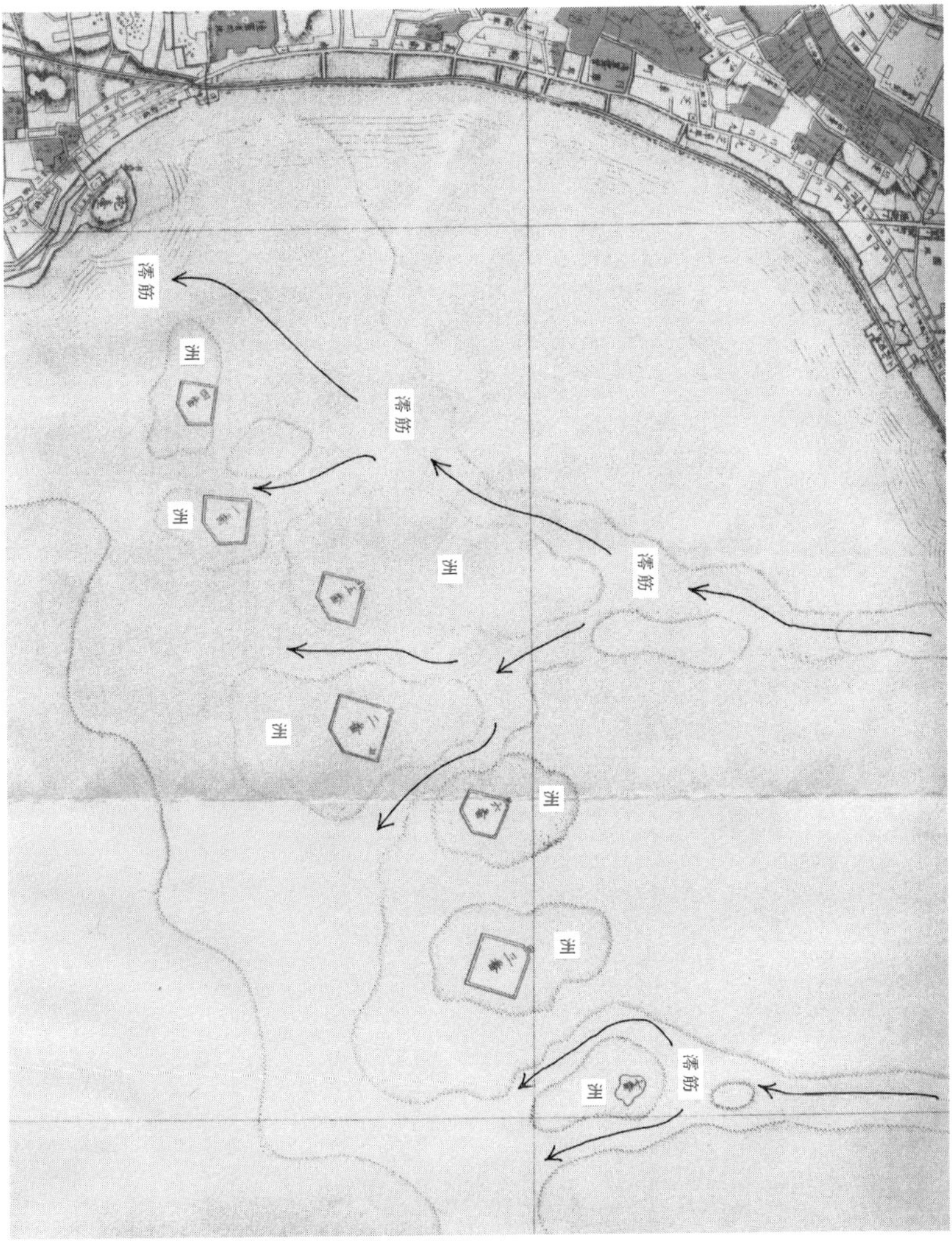

図Ⅱ-9　品川台場周辺の海底地形
「実測東京全図」（内務省地理局地誌課、一八七八年）に加筆。

ペリー来航直後に幕府が作成した江戸湾内海の測量図では、芝沖の水深に関して「一町出で干一尋・満二尋程・十町出で干一尋・満二尋、一里出で干二尋二尺・満三尋三尺」[20]と記されている。また、台場周辺の海底地形については、「丑八月十六日見分之節、四ツ時過ヨリ九時過マテ、一番ヨリ四番マテ干潟ニ成、五番ヨリ上ハ汐ニ成底上ヨリ壱尺程水嵩候」[21]との記録がある。

品川台場が当初の予定通り十一番まで建設されたならば、その北東には大川と中川にはさまれた「干潟一里半余」が広がり、防禦線背面への敵艦艇の迂回進入を阻止することができた。しかし計画の半ばで台場建設が中止されたことにより、品川台場はその東側に空白を生じたまま、不完全な防禦線として運用されることとなった。江川太郎左衛門が、建設中止をほのめかす川路聖謨に対し、これを不可とする立場から反論を試みた背景には、こうした事情があった。

品川台場周辺の水深を示したのが図Ⅱ－10であり[22]、その前方（南東方向）には、水深五メートルに満たない浅瀬が続いているのがわかる。嘉永六（一八五三）年に来航したペリー艦隊を構成する、四隻の艦艇の諸元をまとめると、表Ⅱ－3の通りとなる[23]。このうち吃水についてみると、それが最も深い「サスケハナ（USS Susquehanna）」は六・二メートル、最も浅い「サラトガ（USS Saratoga）」でも五メートルあり、何れの米艦も品川台場の前方四キロメートル以内に接近することはできなかった（図Ⅱ－11）。

また、艦載砲の射程については、「サスケハナ」が搭載する九インチ榴弾カノン（9-Inch Dahlgren Shellgun）の三、一〇五メートルが最大で、品川台場を射程圏内に収めることのできるものは一門もなかった。このため、品川台場ないし江戸市街沿岸への攻撃を実施する場合、吃水の浅い小型の砲艦や舟艇が、大型軍艦からの支援砲撃なしにこれを担当しなければならず、攻撃側にとって「江戸の要塞に攻撃をおこなうのは、多大の損害を伴う仕事になるであろう」[24]こ

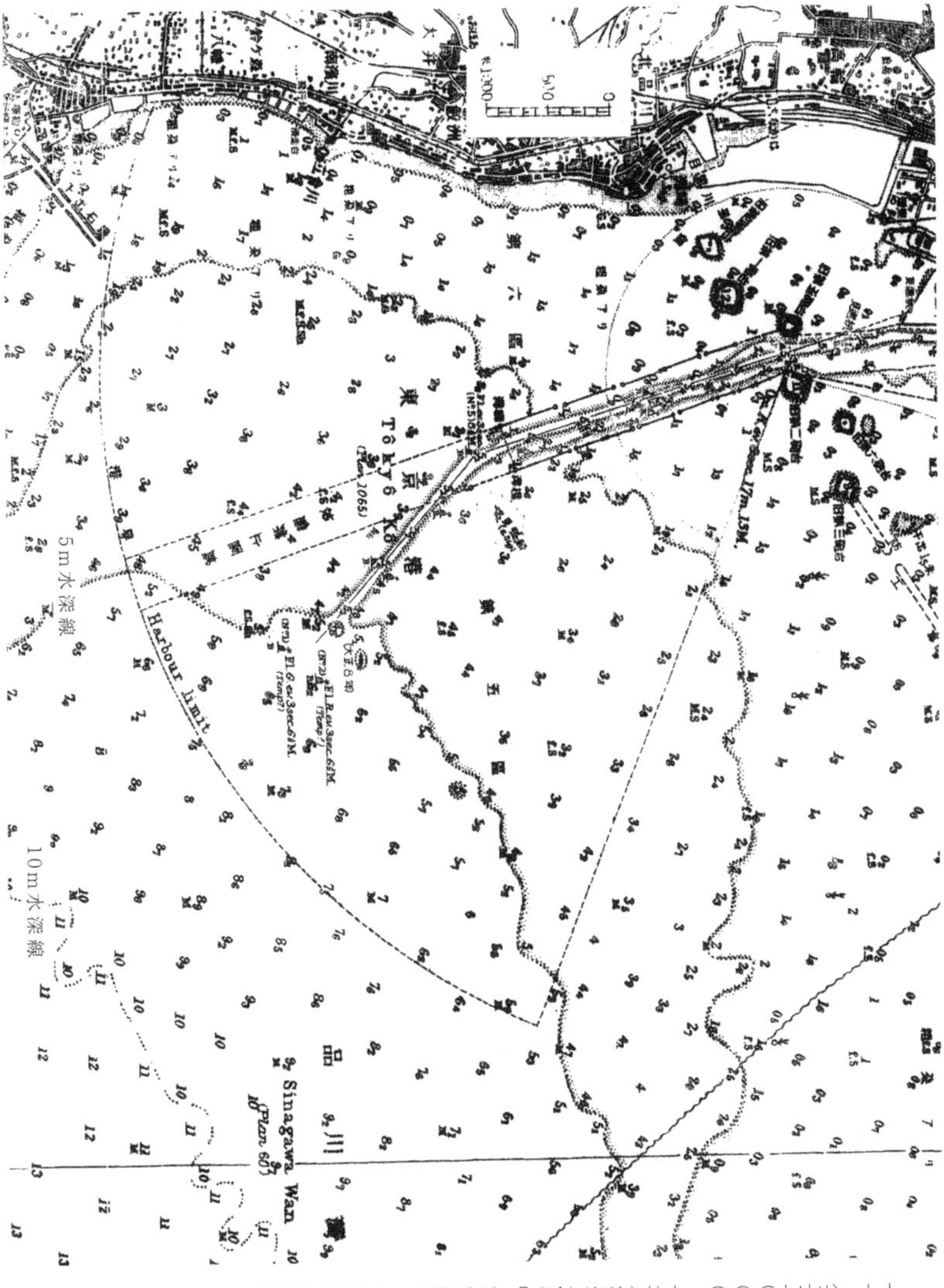

図II-10　品川台場周辺の水深「二万五〇〇〇分の一東京湾北部」（水路部、一九三二年）。

表Ⅱ－３　ペリー艦隊の艦船諸元

艦名	排水量	吃水	艦載砲	最大射程	門数
サスケハナ	2,450t	6.20m	9インチ　ダルグレン榴弾カノン	3,105m	12
ミシシッピー	3,220t	5.70m	10インチ　M1841榴弾砲	1,485m	2
			8インチ　M1841榴弾砲	1,620m	8
プリマス	989t	5.10m	8インチ　ダルグレン榴弾カノン	2,340m	4
			32ポンド　M1847カノン	1,580.4m	18
サラトガ	882t	5.00m	8インチ　ダルグレン榴弾カノン	2,340m	4
			32ポンド　M1847カノン	1,580.4m	18

出典：*Dictionary of American Fighting Ships* (Naval Historical Center, Department of the Navy), HP.

図Ⅱ－１１　ペリー艦隊を描いた石版画

出典：Harks, F. L., *Narrative of the Expedition of an American Squadron to the China and Japan* (Washington : A. O. P. Nicholson, 1856).

とを予想させた。

しかし、防禦線を構成する台場が当初の計画通り建設できなかったために、南東方向から迂回攻撃を受ける可能性が残される結果となり、文久年間に入ると、改めて後述するような沿岸台場の再強化が図られることとなった。因みに嘉永七（一八五四）年のペリーの再来に際し、幕府は江戸市街部沿岸に金沢・福井・姫路・徳島・津山・桑名・松山の七藩を配置したが[25]、この時各藩が持ち寄った火砲の多くは旧式の和砲で、しかも「これらの軍備は、陸戦主体のものであって、軍艦に対抗しうるものではなかった[26]」といわれる。

嘉永・安政年間に築造された沿岸台場の多くは急拵えで、防禦力の面で立遅れが目立った。こうした中、品川台場の西端に接する御殿山下台場は西洋式の築城がなされ、海上の台場列を支援する機能を有していた。同台場が建設された背景には、一番台場と品川猟師町辺の海岸にはさまれた澪筋が、図Ⅱ－12に示すように三フィート前後の水深をもち[27]、小型の砲艦や舟艇の航行を可能にしていたという事情があった。五番・六番台場とほぼ同時に竣工した御殿山下台場は、ここを通過する敵艦に対し、一番台場と連携しながら「横打・追打」の十字砲火を加えることを、主な役割とするものであった。

御殿山下台場の外形は、凸角部を構成する二辺の長さがそれぞれ八二間（一四七・六メートル）[28]あり、「バスチオン[29]（Bastion）」に分類されるものである（図Ⅱ－13）。備砲は「五貫目」五門と「壹貫目」二五門だったが[30]、これらは水戸藩が幕府に献上した火砲のうちの一部だった。水戸藩では天保年間に、領内の神崎鋳造所で七五門に及ぶ青銅砲を製作しており、「太極砲」一門を除く七四門をペリー来航直後に江戸へ移送・献上した[31]。水戸藩製の火砲は「八掛筒」などの和筒であり、御殿山下台場では文久三（一八六三）年にそのうち一二門を他へ廻し、八〇ポンドボムカノン門と二四ポンドカノン七門に入れ替えている[32]。なお御殿山下台場は、安政元年十二月に竣工した際、その塁台が和流の築

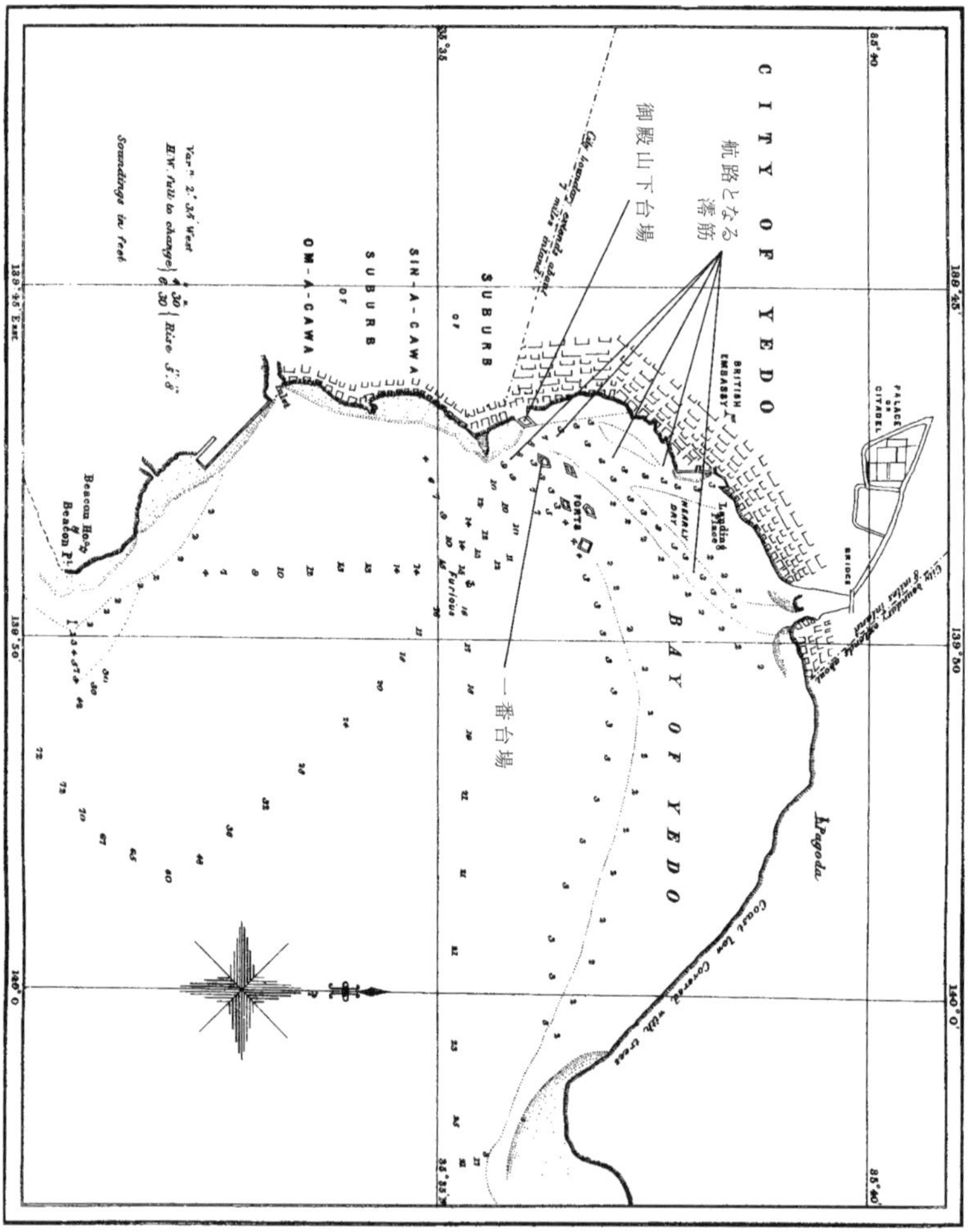

図Ⅱ－12　英国使節の作成した江戸湾内海の海図

出典：Oliphant, L., *Narrative of the Earl of Elgin's Mission to China and Japan in the Years 1857, '58, '59,* vol. II (London : William Blackwood and Sons, 1860), p. 94.

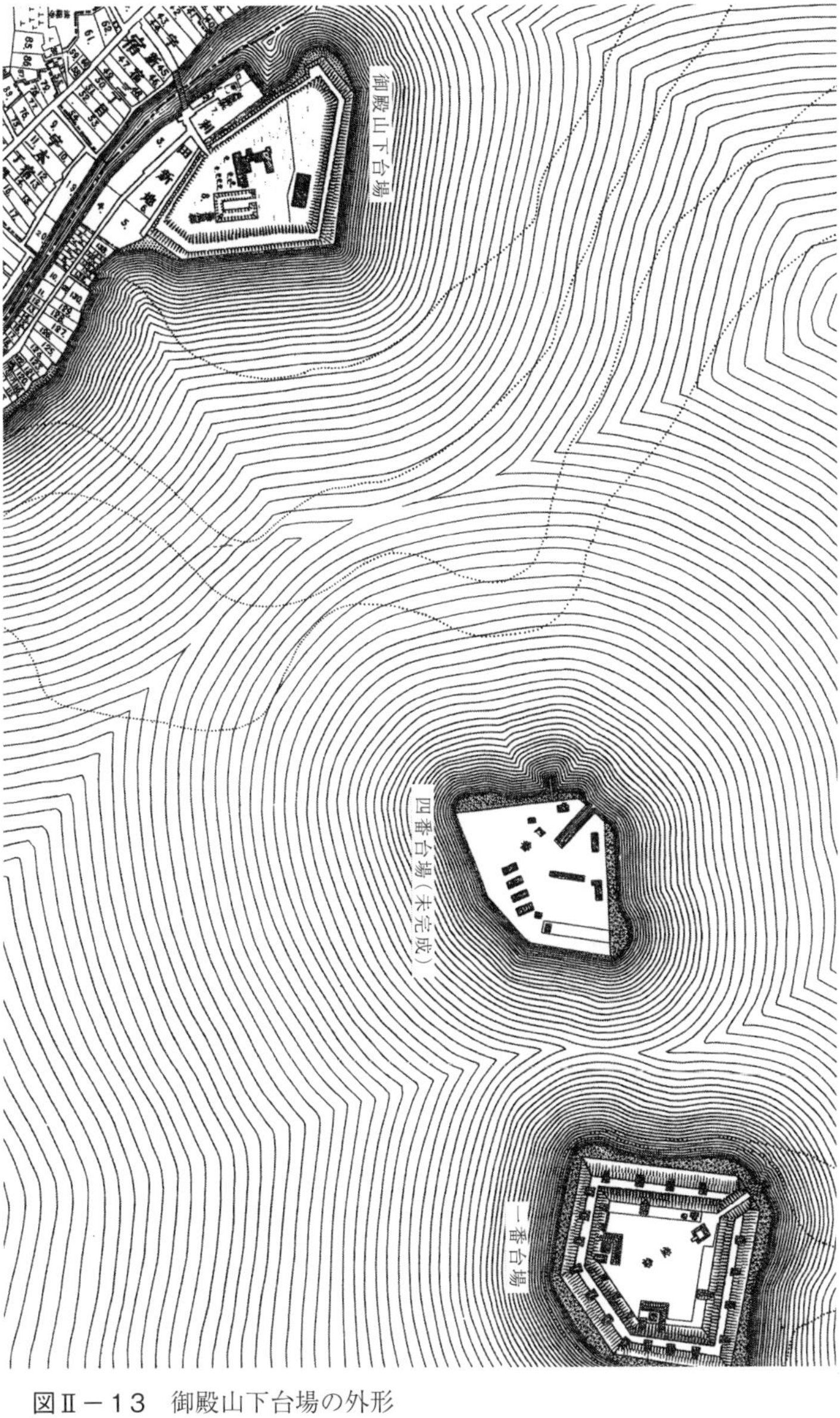

図Ⅱ－１３　御殿山下台場の外形
「1/5000 実測図　四帖ノ三」（内務省地理局、1888 年）。

城法で造られていたが、文久三年に「是迄之有形ニ而ハ不都合ニ付品川沖台場之振合ニ御直し相成候様支度[33]」旨の上申を受けて、洋式に改修されることとなった。

品川台場は、一八五〇年代前半の西洋築城術をもとに、在来の施工技術によって建設された、和製洋式の海堡である。その外形や配置は、前章でも述べたように、パステウル、サハルト、エンゲルベルツ、ペルらの著した築城書をもとに設計されていた。台場の設計は、前装滑腔砲段階の軍事技術に対応する内容で、これは同時期の西欧列強で標準化されていた築城書や砲術を、オランダからの輸入原書に拠ってトレースしたものであった。

安政五（一八五八）年に「日英修好通商条約」締結のために来日したイギリスの外交使節は、品川台場を間近に見て、「その築造にも、また位置にも、築城学の相当の知識が示されていた[34]」と報告している。こうした点から考えると、少なくとも品川台場の外見的構造や配置は、西欧列強が有する海堡の技術水準に近いものであったといえるだろう。

品川台場の建設にあたっては、限られた竣工期限内で埋立を急ぐ関係上、水深の浅い部分を選定して工事を行なった。このことによって品川台場は、その前方約四キロメートルにわたり水深五メートル以下の遠浅の海が広がるという、立地条件を得ることとなった。かくて前装滑腔砲を主に装備していた西欧列強の軍艦をその射程圏内まで進入させないという付帯的効果を生み出し、江戸湾内海における彼らの軍事行動に一定の抑止をかけることに成功した。

品川台場が「彼カ一弾ヲモ受ケスシテ平和ニ其局ヲ了[35]」ったことについて、軍事上の抑止力という要素を踏まえつつ、その機能を分析・評価する必要があると思われる。

註

（1）勝安房編『陸軍歴史　上巻』、「巻一〇」（陸軍省、一八八九年）八四頁。

（2）佐藤正夫『品川台場史考』（理工学社、一九九七年）八六頁。
（3）Pasteur, J. D. : *Handboek voor de officieren van het korps Ingenieurs Mineurs en Sappeurs*, Tweede deel (Zutphen : H. C. A. Thieme, 1838), p.350.
（4）東京市役所『東京市史稿　港湾篇第二』（東京市役所、一九二六年）九二九～九三三頁。
（5）矢田部郷雲訳「強盛術原上篇　一」（江川文庫蔵）。同書中の、「原中篇下目次略」による。
（6）Savart, N. : *Beginselen der versterkingskunst*, Eerste deel (Gravenhage : Gebroders van Cleef, 1836), PL. VII., Fig. 64.
（7）*Ibid*., p. 175.
（8）「江戸品川御台場仕様図」（東京都立中央図書館蔵）。
（9）東京都編『東京市史稿　市街篇四三』（東京都、一九五六年）七六六～七六七頁付図。なお、同図は筆写の形で広く伝播していたもようで、「黒船来航絵巻」（横浜開港資料館蔵）のほか、個人蔵を含めたいくつかの伝存品が確認されている。
（10）彩色一枚刷り無刊記の瓦版で「海陸御固御名前御場所附禁売買」との付記がある。
（11）前掲『陸軍歴史　上巻』、「巻一〇」九四～一〇二頁。
（12）上田帯刀『西洋砲術便覧　上』（黄花園蔵版、一八五三年）二五・四一丁。
（13）同右、二二丁。
（14）Pel, C. M. H. : *Handleiding tot de kennis der versterkingskunst* (Hertogenbosch:Gebroders Muller,1852), p.42.
（15）Engelberts, J. M. : *Proeve eener verhandling over de kustverdediging* (Gravenhage : Erven Doorman, 1839), p.29.
（16）前掲『陸軍歴史　上巻』、「巻一〇」八四頁。原語については、Engelberts : *op. cit*., p. 28.
（17）江戸川区役所『江戸川区史』（江戸川区、一九五五年）四六頁。
（18）同右、四六頁。
（19）『実測東京全図』（内務省地理局地誌課、一八七八年）。
（20）「嘉永六年夏測量の内海地図」（前掲『東京市史稿　港湾篇二』）付図。
（21）前掲『陸軍歴史　上巻』、「巻一〇」五九頁。
（22）『一／五二〇〇〇　東京海湾北部』（水路部、一九二四年）。
（23）*Dictionary of American Fighting Ships* (Washington : Naval Historical Center, Department of Navy), HP.
（24）英国海軍省文書：ADM/5790 Part.2 Hope to Paget,October 18 1862.

(25) 芝区役所『芝区誌』(芝区役所、一九三八年)一五六四頁。
(26) 原剛『幕末海防史の研究』(名著出版、一九八八年)二八頁。
(27) Oliphant, L. : *Narrative of the Earl of Elgin's Mission to China and Japan in the Years 1857,'58,'59*, vol. II (London : William Blackwood and Sons,1860), p.94.
(28) 前掲『陸軍歴史　上巻』、「巻一〇」付図。
(29) Pel : *op. cit.*, p. 30.
(30) 前掲『陸軍歴史　上巻』、「巻一〇」一〇二頁。
(31) 水戸市史編纂委員会『水戸市史　中巻(3)』(水戸市、一九七六年)一三三頁。
(32) 前掲『陸軍歴史　上巻』、「巻一二」七頁。
(33) 同右、「巻一二」四六頁。
(34) Oliphant : *op. cit.*, p. 101.
(35) 前掲『陸軍歴史　上巻』、「巻一〇」一〇四頁。

四、火砲の配備

前記したように、品川台場に配備すべき火砲の調達も、江川太郎左衛門によって進められた。この時選定された火砲はオランダ式の前装滑腔砲で、江川はそれらの調達にあたり、新たな鋳砲場の建設を上申して、国内における倣製という方針をとった。かくて嘉永六（一八五三）年八月には湯島馬場鋳砲場、さらに同年十二月には伊豆の代官支配地（当初下田の高馬に建設予定だったが、下田開港に伴ってアメリカ兵が付近を潤歩するようになったため、韮山へ変更）へ反射炉の建設工事が開始された。

品川台場への火砲供給は、反射炉の竣工が滞ったこともあり、湯島馬場鋳砲場によって主に賄われた。また、藩営反射炉をもつ佐賀藩にも火砲の鋳造を発注し、その一部を補った。湯島馬場鋳砲場は、江川太郎左衛門の管理下、江戸の鋳物師が製砲を請負う形で運営され、在来の鋳物技術によって洋式青銅砲の倣製を行なった。

本章では、湯島馬場鋳砲場と佐賀藩による火砲の供給状況を敷衍すると共に、品川台場へ配備された各種火砲の諸元について考察したい。

（1）火砲の配備計画

江川太郎左衛門が立案した、品川台場の備砲調達計画は表Ⅱ－4に示す通りで[1]、その内容は、①湯島馬場鋳砲場で製造される青銅砲、②佐賀藩へ発注する銑鉄砲、③江川管下の反射炉で製造される銑鉄砲、④大坂から移送される青銅砲、という四つのカテゴリーに大別できる。このうち①～③は洋式砲、④は和筒であった。

品川台場における火砲の配備状況は、史料によって若干の異同があり、実数を確定することは困難である。因みに安政四（一八五七）年に五番・六番台場で佐賀製の三六ポンドカノンが砲身破裂事故を起こしているが、それ以前の備砲は次のようなものだったと考えられる[2]。

内海五カ所御筒惣員数

八十ホント　二十挺
六十ホント　当時無之
三十ホント（淺川註。三六ポンドの誤記）　当時六挺
二十四ホント　当時二十四挺
十八ホント　当時無之
十二ホント　四拾八挺
六ホント　十二挺
十五トイム　十六挺

表Ⅱ－4　品川台場の備砲調達計画

手配先	砲種	門数
湯島馬場鋳砲場において製造（洋式青銅砲）	17貫目余唐銅御筒（80ポンドボムカノン） 5貫目余唐銅御筒（24ポンドカノン） 2貫500目余御筒（12ポンドカノン） 1貫200目余御筒（6ポンドカノン） 5貫目余御筒（15ドイムランゲホウイッツル）	20 10 53 17 18
佐賀藩へ発注（洋式銑鉄砲）	7貫700目余鉄御筒（36ポンドカノン） 5貫目余鉄御筒（24ポンドカノン）	25 25
韮山反射炉において製造（洋式銑鉄砲）	12貫900目余御筒（60ポンドカノン） 7貫700目余御筒（36ポンドカノン） 5貫目余御筒（24ポンドカノン） 3貫800目余御筒（18ポンドカノン）	9 13 47 18
大坂より移送（和流青銅砲）	8貫500目青銅御筒 3貫500目青銅御筒 1貫700目青銅御筒	1 3 1

出典：戸羽山翰編『江川坦庵全集　上』（巌南堂、1979年）515～518頁。

表Ⅱ－5　安政期における品川台場の備砲

砲種	一番	二番	三番	五番	六番	計
80ポンドボムカノン	10	10	0	0(1)	0(1)	20(22)
36ポンドカノン	0	0	2	2(1)	2(1)	6 (4)
24ポンドカノン	2	1	11	4	4	22
12ポンドカノン	12	12	12	6	6	48
6ポンドカノン	0	0	0	6	6	12
15ドイムランゲホウイッツル	4	4	4	2	2	16
計	28	27	29	20	20	124

出典：勝安房編『陸軍歴史　上巻』（陸軍省、1889年）、「巻一〇」91～93頁。

外、舶来三十六ホント　一挺
八十ホント　一挺（二番松平下総守自炮）

このうち、実際に配備されていた火砲は、八〇ポンドボムカノン（Bomkanon）、三六・二四・一二・六ポンドカノン（Kanon）、一五ドイムランゲホウイッツル（Lange houwitser）の六種類であり[3]、その後一八ポンドカノンが加えられたほかは、砲種に変化はなかった。

また、安政四年の火砲配置を示すものとして、『陸軍歴史』所載史料を集計したものが、表Ⅱ－5である[4]。砲身破裂事故後、破損した三六ポンドカノンは、八〇ポンドボムカノンに引き替えられており、この異同について表中では（　）で示した。

（2）湯島馬場鋳砲場

嘉永六年七月二十三日、老中阿部正弘は松平近直・川路聖謨・竹内保徳・江川太郎左衛門らに「内海御警衛御台場普請」を命じ、その際特に「御台場取建方且据付候大砲鋳立之儀者、太郎左衛門之引受被　仰付候」旨が下令された[5]。同年八月、江川は「手附手代」から八人、「家来并砲術門人之内」から七人を大砲鋳造のための「御用懸」に任命した[6]。

中村清八　（元〆手代）
柏木総蔵　（同差遣候手代）
網野久蔵　（手代）

雨宮新平　（同）
石川政之進　（同）
根元慎蔵　（同）
斎藤左馬之助（同）
高島喜平　（同）
榊原鏡次郎　（御小姓組、松平伊予守組）
前田藤九郎　（阿部伊勢守殿家来）
星野覚兵衛　（本田越中守殿家来）
友平栄　（鳥居丹後守殿家来）
岩倉鉄三郎　（松平誠丸殿家来）
矢田部郷雲　（家来）
長谷川刑部　（家来）

このうち長谷川刑部は、江川の許で青銅砲の製作に指導的役割を担ってきた鋳物師であり、湯島馬場鋳造場においても主任技士として製砲の任にあたった。因みに長谷川は、嘉永三～四（一八五〇～五一）年にかけて、江戸湾の湾口警備にあたる彦根藩と会津藩へ、二四ポンドカノン[7]・一五〇ポンドボムカノン[8]各一門を供給した実績をもつ。また、「伊豆韮山　長谷川刑部秋貞造」という銘の入った二九ドイムモルチールも現存しており[9]、大型の青銅砲鋳造に長じていたことが知られる。

矢田部郷雲は蘭学者であり、同人の手になるオランダ砲術書の邦訳本として、ベウセル（Beuscher, W. F.）の

Handleiding voor onderofficieren tot de kennis der theoretische en practische wetenschappen der artillerie（1834-36）[10]を翻訳した「陸用砲術全書　上編（四冊）」と「同　中編（七冊）」がある。[11]後述するように、品川台場へ配備された火砲は全てオランダ式の前装滑腔砲であり、砲種の選定等にあたっては、こうした蘭書を通じて得た情報が活用された。

高島喜平は西洋流砲術の先達として知られた高島秋帆その人であり、当時江川家の「手代」に召し抱えられる形で、江川太郎左衛門の品川台場建設計画を補佐していた。また榊原鏡次郎は、江川太郎左衛門の義弟で、ペリー来航直後に浦賀奉行へ六〇ポンドホウイッツル二門を献上するなど、[12]江戸湾海防とのかかわりが深い人物だった。

次いで鋳砲場の用地選定が行なわれ、江戸府内湯島の桜馬場へこれを建設することとなった。もともと桜馬場は湯島聖堂に隣接した火除地で、桜や楓が植樹された花見の名所だった。『江戸切絵図』をみると、万延二（一八六一）年改正の『小石川、谷中、本郷絵図』[13]には「江川太郎左衛門掛　御鉄炮鋳場」として記載されている（図Ⅱ－14）。なお湯島馬場鋳砲場の跡地は、現在東京医科歯科大の敷地となっており、往時をしのぶ痕跡は何も残されていない。明治十九（一八八六）年版の「五〇〇〇分の一実測図」[14]にその位置をプロットしたのが、図Ⅱ－15である。

さて、湯島馬場鋳砲場では、製砲そのものを民間の請負いとし、浅草新堀端浄福時門前の万吉・古伝馬町の久右衛門という二人の鋳物師にこれを命じた。[15]江川は当初、川口宿の鋳物師も呼び寄せて製砲を請負わせる予定だったが、工賃が一貫目あたり「貳分永百七拾文」という「格外之高値」であったため、一貫目あたり「壹分永五拾文」の見積りを出していた江戸の鋳物師だけに請負いを申し付けたのである。このほか、大工の芳太郎・市右衛門・伊助・鍛冶職の儀兵衛らも請負いとされ、[16]砲架の製作などにあたった。

湯島馬場鋳砲場には、「タタラ場三ヶ所、形鋳場、錐入場、仕上細工小屋」[17]などの諸施設があり、これらは嘉永六年十一月に完成し、翌十二月から操業を開始した。さらに安政二（一八五五）年六月以降、同鋳砲場では「西洋流小銃」

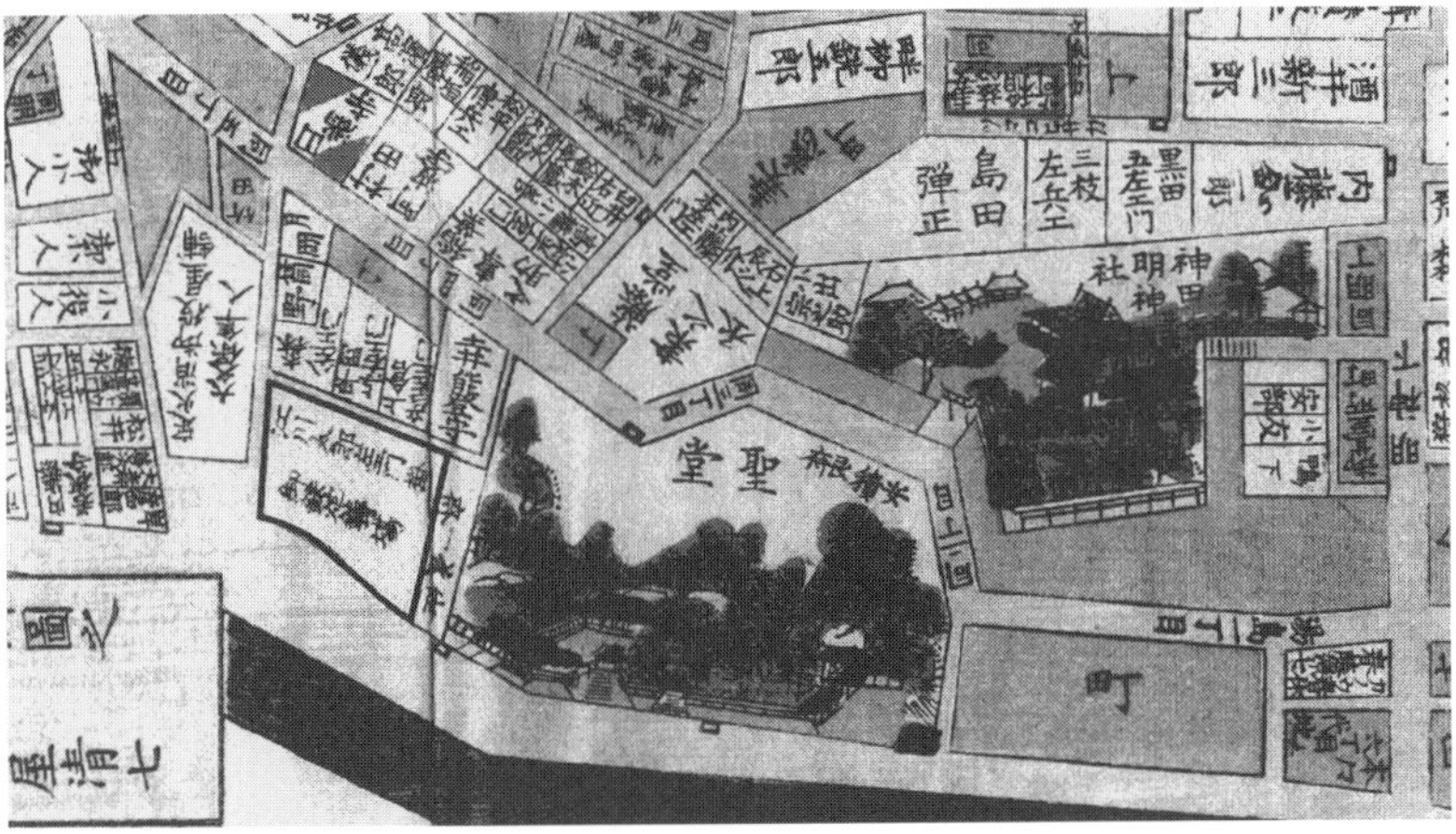

図Ⅱ－14　湯島馬場鋳砲場の位置
出典：戸松昌訓「本郷湯島絵図」(尾張屋清七、1861年改正版)。

図Ⅱ－15　鋳砲場址の位置
出典：「1/5000実測図　第六帖」(内務省地理局、1886年)。

の製造も行なうようになり、旗本御家人のほか諸大名への有料頒布を開始した[18]。因みにここで倣製されたのは、幕末当時「ゲベール」と呼ばれた、オランダ式の前装滑腔銃（Oorlogs geweer）であった。

（3）佐賀藩による銑鉄砲の供給

佐賀藩が幕府より「公儀御用鉄製砲二百挺」の製造を命じられたのは、嘉永六（一八五三）年七月のことであった。この時佐賀藩では、「御註文之御筒数大総之儀ニ而、中々急埒仕間敷……銅鉄取交御鋳造ニも相成候半者、年数も相縮可申[19]」旨答申を行ない、二〇〇門全てを銑鉄砲として製作することの困難を訴えている。

この結果、次に示すような「鉄製大筒五拾挺車台共[20]」の製造が改めて幕府から命ぜられることとなった。なお、砲身を乗せる車台に関して Nieuwe vesting en kustaffuit とあるのは、新型の「城砲車」と「堤砲車」の意で、何れも要塞砲に用いられる大型の木製車台であった[21]。

一鉄三十六ポント砲　　二十五挺

一鉄二十四ポント砲　　二十五挺

合五十挺車台共。但ニューウェ、ヘスチング、キュストアッホイト

これを受けて、佐賀藩では新たに領内の多布施《たぶせ》に反射炉を建設した。多布施反射炉の建設は嘉永六年九月に始まり、翌安政元（一八五四）年三月に竣工を迎えた[22]。品川台場用の火砲は、同年七月から翌安政二（一八五五）年三月の間に鋳造され、試射を行なった後、逐次江戸へと送られた。実際に品川台場へ配備されたことが記録の上で確認できるのは、次の一五門である[23]。

〈安政元年〉
七月一日鋳立、三六ポンド砲、三番台場へ
七月二日鋳立、二四ポンド砲、一番台場へ
七月四日鋳立、二四ポンド砲、一番台場へ
七月十三日鋳立、三六ポンド砲、五番台場へ
七月二十一日鋳立、二四ポンド砲、二番台場へ
七月二十五日鋳立、二四ポンド砲、二番台場へ
八月十二日鋳立、二四ポンド砲、二番台場へ
八月十七日鋳立、二四ポンド砲、二番台場へ
十月三日鋳立、三六ポンド砲、三番台場へ
十一月十二日鋳立、二四ポンド砲、二番台場へ
十一月二十日鋳立、二四ポンド砲、一番台場へ
〈安政二年〉
一月二十日鋳立、二四ポンド砲、二番台場へ
二月七日鋳立、二四ポンド砲、二番台場へ
二月二十日鋳立、三六ポンド砲、五番台場へ
三月八日鋳立、二四ポンド砲、五番台場へ

表Ⅱ－6　佐賀藩が供給した銑鉄砲

区分	『佐賀藩銃砲沿革史』	「平山文書」
一番台場	24 ポンド砲　3	24 ポンド砲　6
二番台場	24 ポンド砲　7	24 ポンド砲　5
三番台場	36 ポンド砲　2	36 ポンド砲　2
五番台場	24 ポンド砲　1 36 ポンド砲　2	36 ポンド砲　2
六番台場	記載なし	36 ポンド砲　2

出典：秀島成忠『佐賀藩銃砲沿革史』（肥前史談会、1934 年）329～332 頁。東京都編『東京市史稿　市街篇 43』（東京都、1956 年）779 ～ 781 頁。

なお、佐賀藩製銑鉄砲の配備状況が示された「平山文書」(24)と、右の記録

を照合したものが表Ⅱ－6だが、両者の間には若干の異同がある。ただし、二四ポンド砲の一一門は一致しており、三六ポンド砲についても六番台場への二門が製造されていない段階での供給数とみれば、両者の整合性は高いといえる。何れにせよ、佐賀藩が品川台場へ送り出したのは最終的に一七門程度であったと考えられよう。

(4) 備砲の諸元

品川台場に配備された火砲は、そのほとんどがオランダ式の前装滑腔砲を倣製したものであり、湯島馬場鋳砲場で製造された青銅砲と、佐賀藩の多布施反射炉で製造された銑鉄砲が主たるものであった。

西欧の近代砲術の特色は、「精密ナル発射ノ試効及機械弾薬ノ尺度斤量各種ニ随テ長短軽重皆定則アリ」[25]として、標準化された技術を合理的に習得する点にあった。このため、幕末期においては洋式砲術に関する教本の翻訳・出版が盛んに行なわれた。以下これらの砲術書にもとづいて、品川台場の備砲の砲種や諸元について考察する(図Ⅱ－16〜図Ⅱ－18)。

〈1〉ボムカノン(Bomkanon)

ボムカノンとは、弾径が二〇ドイムよりも大きな炸裂弾(ボムメン・Bommen)を主用する大口径のカノン砲である。前記したペキサンス砲がよく知られているが、品川沖の一番・二番台場に配備されたのは、旧式化した四八ポンドカノンの砲腔を八〇ポンド榴弾の弾径に合わせて拡張した、「四十八斤鑚開八十斤」長カノンであった。[26]

同砲の最大射程は「一三二七・五メートル」[27]とされるが、実質的な有効射程距離は「一二〇〇エル」[28]程度だった。

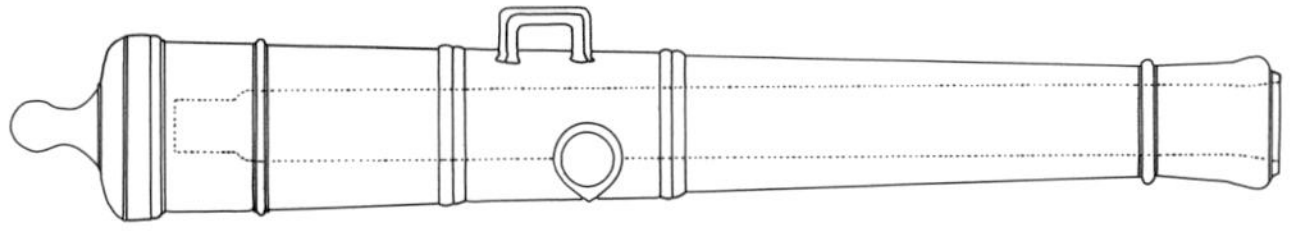

48 ポンド鑽開 80 ポンドボムカノン

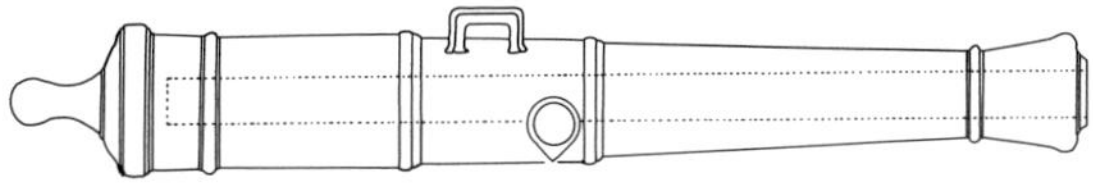

24 ポンドカノン
「長沢家古文書史料255号」（大原美芳編『江川坦庵の砲術』自家版、1987年、50頁に拠り作図）。

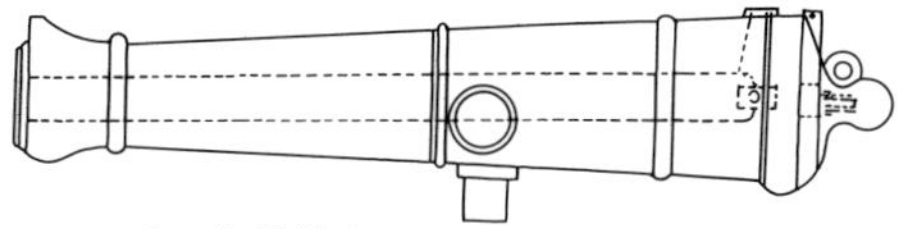

36 ポンド銑鉄カノン
出典：秀島成忠『佐賀藩銃砲沿革史』（肥前史談会、1934 年）第 62 図。

図Ⅱ－16　品川台場（前面）の備砲

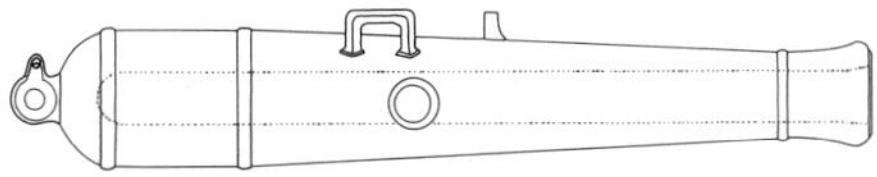

12 ポンドカノン

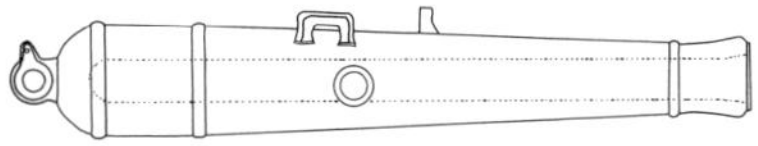

6 ポンドカノン

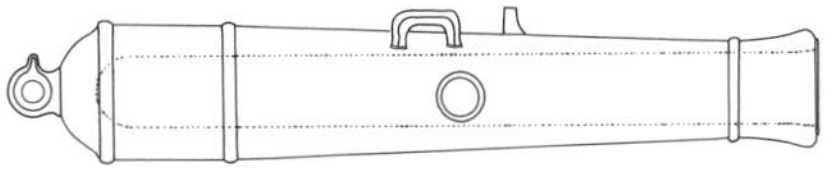

15 ドイムホウイッツル
「長沢家古文書史料 255 号」（前掲『江川坦庵の砲術』58・59 頁）に拠り作図。

図Ⅱ－17　品川台場（背面）の備砲

48 ポンド鑽開 80 ポンドボムカノン（遊就館蔵）
全長 4.25m、口径 22cm。

24 ポンドカノン（江戸東京たてもの園蔵）
全長 3.44m、口径 15cm。

図Ⅱ－18　現存する青銅砲の砲身

なお、品川台場で使用されたボムカノンは、既製の旧式砲身に砲腔鑽開を施した改修砲でなく、湯島馬場において新規に鋳造された青銅砲であった。

〈2〉カノン（Kanon）

仰角の浅い平射により、主として銑鉄製の球形実弾《すだま》(Massige kogel)を射ち出す、長い砲身をもった火砲である。強装薬で発射するため、砲弾の初速が大きく、命中精度や射程距離といった点で優れていた。品川台場には、正面沖合に来攻した艦船を「迎打」ないし「横打」するための三六ポンド・二四ポンドカノンと、台場の背面に進入した舟挺を「追打」するための一二ポンド・六ポンドカノンが配備されていた。

カノンの最大射程は、銑鉄製球形弾を使用した場合二、五〇〇メートル内外に達したが、個別の目標に照準して砲弾を命中させ得る有効射程については、当時の砲術書に「敵が明らかに一五〇〇エルよりも遠ければ、どの要塞も砲撃を開始してはならない……一五〇〇エルという距離だけでもう既に……命中する可能性が極めて低い[29]」と記されている。因みに各砲の最大射程を示すと、三六ポンドカノンが二、四五一・八メートル、二四ポンドカノンが二、七九五・四メートル、一二ポンドカノンが二、四五八・二メートル、六ポンドカノンが二、四六七・八メートルであった[30]。

〈3〉ホウイッツル（Houwitser）

主に擲射によってガラナートを発射する榴弾砲である。品川台場には背面への「追打」用として、口径一五ドイムの青銅製ランゲホウイッツルが配備されていた。同砲の最大射程は一、四八七・八メートルであった[31]。

砲弾についてみると、一番・二番台場へ八、四〇〇発、三番台場へ一〇、〇〇〇発、五番・六番台場へ六、八〇〇発が交付されており[32]、各台場とも砲一門につき平均三〇〇発以上を備蓄していた計算となる。砲弾の種別をみると、中空の弾殻に炸薬を充填した「空弾《うつろだま》(Bommen または Granaat)」、鋳鉄製の球形弾で、炸薬を内蔵しない「実弾《すだま》(Massige kogel)」、薄鉄板製の円筒中に弾子を填めた「ブレッキドース(Blikdoos)」の三種類が確認される。品川台場の備砲には、各砲ごとに「空弾」もしくは「実弾」の何れかと、「ブレッキドース」を組み合わせて交付する形がとられた(図Ⅱ-19)。

以上述べたように、品川台場への火砲供給は、日本国内での洋式砲倣製によって賄われていた。その主体となったのは湯島馬場鋳砲場で、青銅製の八〇ポンドボムカノン、二四ポンド・一二ポンド・六ポンドカノン、一五ドイムランゲホウイッツルの五種類が製造された。砲身の材料は銅(約九〇パーセント)と錫(約一〇パーセント)の合金から成る青銅で、鋳造過程において原材料の二五%が鋳減りしたといわれる[33]。

なお、製砲を請負った鋳物師が在来の鋳造技術によって砲身の製作にあたるという湯島馬場鋳砲場の仕法については、「土型に鋳込み、心鉄を使用せしが、鋳泡多きのみならず、鎔銅土型に流れ込み、鋳損多き[34]」旨の批判が、幕末当時から発せられていた。実際に文久三(一八六三)年には、台場に配備して八年を経た火砲の一部に「巣中砂目篭瑾等相顕候[35]」という問題を生じており、倣製砲の品質に一定の限界があったことが知られる。

同年八月、湯島馬場鋳砲場では、「拾貳斤三拾挺、ランゲホーウイツスル拾挺、六斤拾挺[36]」を新たに鋳造し、疵の出た火砲との交換を行なったが、この時点でも「大砲をむくに吹いて刳り抜くということは行なわれ[37]」ていなかった。

他方、反射炉による銑鉄砲の量産に成功した佐賀藩でも、国産砂鉄銑を砲身材料に用いた火砲の品質に、砲身破裂の危険性という問題をかかえ苦慮していた。実際に安政四(一八五七)年四月二日、品川の五番・六番台場に配備され

コロスに固定されたガラナート
球形榴弾は、木製のコロスにブリキバンドで固定し信管を砲口側に向けて装填する。

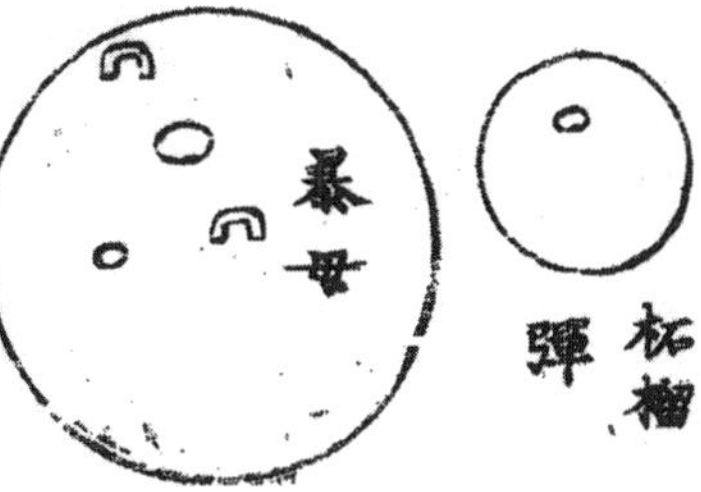

ボムとガラナート（爆母弾・榴弾）
中空の弾殻に炸薬を填実し、曳火信管で破裂させる。

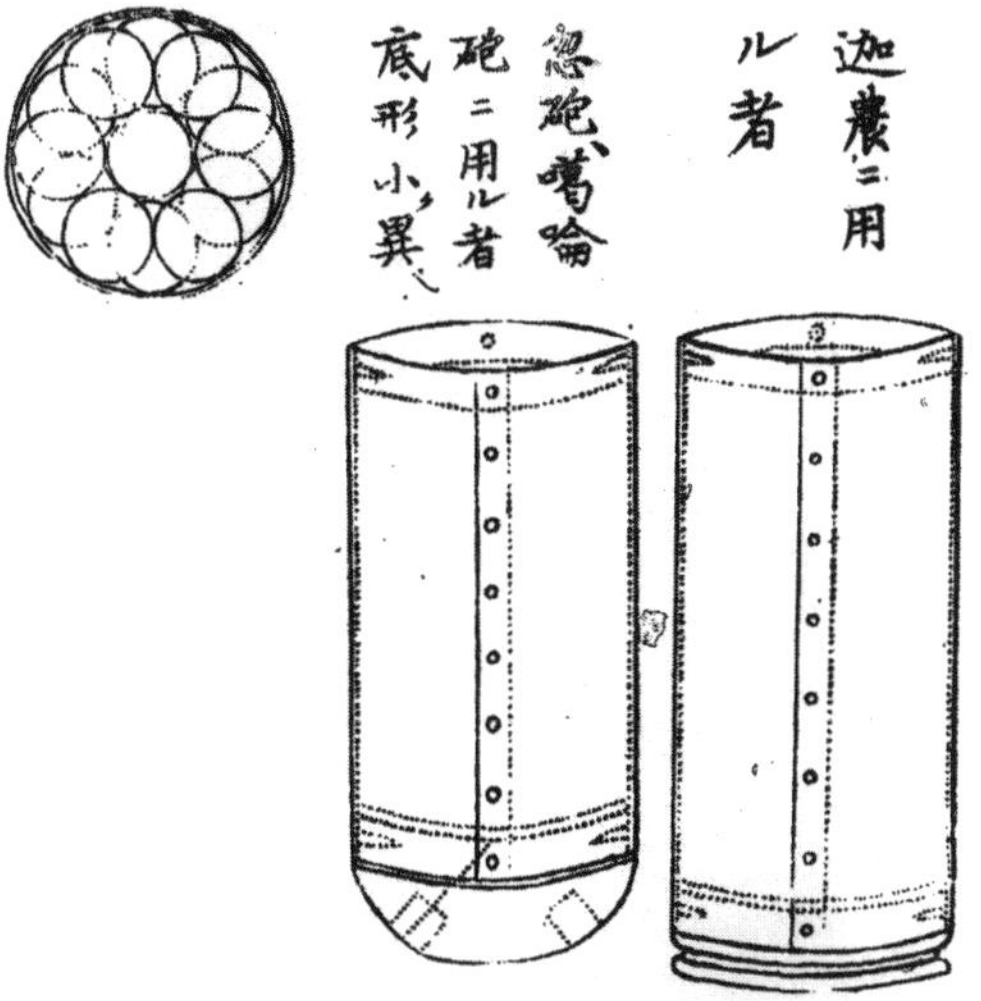

ブレッキドース（鉄葉弾）
ブリキ製の筒に鉄弾子を封入したもので、霰弾として使用する。
出典：上田帯刀編『西洋砲術便覧　下』（黄花園蔵版、1853 年）26・40 丁。

図Ⅱ－19　砲弾の種別

た三六ポンドカノン各一門が、相次いで砲身破裂を引き起こすという事故が発生している。佐賀藩では鋭意その原因究明に努めたが「兎角鉄銑鋳造之根元者専鉱鉄之精撰と高炉の溶化ニ相極候」[38]との結論に達し、翌安政五（一八五八）年以降にはオランダからの輸入銑を砲身材料として利用することとなった。[39]

ともあれ、品川台場に供給された火砲は、「不十分な翻訳と試行錯誤による」[40]製砲技術段階の倣製砲だったとはいえ、砲種そのものについてみれば、前装滑腔砲を主流とした一八五〇年代の軍事水準に照らして、それほど遜色ないものであったと考えられる。品川台場を設計する上での対処基準となったアメリカのペリー艦隊も、艦載砲は全て前装滑腔砲であり、日本側台場の備砲と比べ格別優れた性能をもつものではなかった。

その後品川台場は、明治維新を迎えるまで一五年間にわたって存続したが、この間備砲の更新などは行なわれず、一八六〇年代に入って前装施条砲が普及するようになると、前装滑腔砲段階のコンセプトで設計された品川台場は、急速に旧式化していった。

註

（1）「大筒鋳立挺数之儀伺候書付」（戸羽山翰編『江川坦庵全集　上』巌南堂、一九七九年）五一五～五一八頁。
（2）東京都編『東京市史稿　市街篇四三』（東京都、一九五六年）七八二頁。
（3）同右、七七九～七八一頁。
（4）勝安房編『陸軍歴史　上巻』（陸軍省、一八八九年）、「巻一〇」九一～九三頁。
（5）前掲『江川坦庵全集　下』一〇一頁。
（6）「御台場築立大筒鋳造ニ付御用懸申付候もの之儀伺書」（前掲『江川坦庵全集　上』）四六六～四六八頁。
（7）「嘉永三年戊年近海御備向見分」（前掲『陸軍歴史　上巻』）、「巻一〇」六頁。
（8）飯沼関弥編『会津松平家譜』（自家版、一九三八年）二一三頁。

(9) 同砲は現在、史跡韮山反射炉の公園内に野外展示されている。
(10) 同書は「砲兵の理論的・実務的学術の知識に関する、下士官の手引書」であり、国立国会図書館に「蕃書調所」旧蔵の原書が保存されている。
(11) 静岡県教育委員会文化課編『江川文庫古文書史料調査報告書二』（静岡県教育委員会、二〇〇七年）二一五～二一六頁。
(12) 箭内健次編『通航一覧続輯　第五巻』（清文堂、一九七四年）一三八頁。
(13) 外題「本郷湯島絵図」、戸松昌訓（作図）、尾張屋清七、万延二年改正。
(14) 内務省地理局「六幀」。
(15) 「大筒鋳造請負申付候儀ニ付伺書」（前掲『陸軍歴史　上巻』）、「巻六」二六～二九頁。
(16) 「大筒台場負申付候儀ニ付伺書」（前掲『江川坦庵全集　上』）四八四～四八六頁。
(17) 「大筒鋳立場諸小屋タタラ場并馬場其外御入用凡積申上候書付」（同右）四八三～四八四頁。
(18) 「安政二年乙卯六月十九日伊勢守直渡」（前掲『陸軍歴史　上巻』）、「巻六」三六頁。江川は「内海御台場規則」において、「御台場に相詰候人数丈之小筒ハ銘々持参可仕事　但火縄筒ハ用申間敷事」と定めており、台場の備筒にはゲベールが用いられることとなった〔（大原美芳編『江川坦庵の砲術』自家版、一九八七年）九三頁〕。
(19) 杉本勲ほか編『幕末軍事技術の軌跡――佐賀藩史料〝松乃落葉〟――』（思文閣、一九八七年）一〇三～一〇四頁。
(20) 同右、一〇五頁。
(21) これらの火砲の砲身と砲車に関する図は、秀島成忠『佐賀藩銃砲沿革史』（肥前史談会、一九三四年）第六六～七〇図を参照。
(22) 佐賀藩の反射炉については、大橋周治『幕末明治製鉄論』（アグネ、一九九一年）三七～七一頁参照。
(23) 前掲『佐賀藩銃砲沿革史』三二九～三三二頁。
(24) 前掲『東京市史稿　市街篇四三』七七九～七八一頁。
(25) 上田亮章訳『鈐林必携』（下曽根蔵梓、一八五二年）「例言」。原書は Bruyn, A. W.: *Militair zakboekje dienst van het Nederlandsche leger* (Gravenhage: Erven Doorman, 1839).
(26) 「内海へ築タル台場の法則」（前掲『江川坦庵の砲術』）一〇〇頁。
(27) 大塚同庵訳『熕砲射擲表』（桂園塾、一八五二年）、収載の「勃謨喝膿熕榴弾放射表」による。同書は、Bruyn 前掲書および Overstraten, J. P. C. van: *Handleiding tot de kennis der artillerie* (Breda: Koninklijke Militaire Akademie,1842) から、諸砲の射撃

データを訳出したものである。

（28）Engelberts, J. M. : *Proeve eener verhandling over de kustverdediging* (Gravenhage : Eerven Doorman,1839), p. 104. なお、一エル（el）は「三尺三寸」とされ、ほぼ一メートルに相当する。

（29）*Ibid.*, p. 150.

（30）前掲『西洋砲術便覧　上』二二・二三丁。

（31）同右、四一丁。

（32）前掲『陸軍歴史　上巻』、「巻一〇」九五～一〇二頁。

（33）「大筒鋳造御入用取調帳」（前掲『江川坦庵全集　上』）四九四～四九九頁。

（34）日本工学会『明治工業史　火兵・鉄鋼篇』（工学会、一九二九年）四〇頁。

（35）前掲『陸軍歴史　上巻』、「巻六」六一頁。

（36）同右、「巻六」六二頁。

（37）「宇都宮氏経歴談」（吉田光邦編『現代日本記録全集九　科学と技術』筑摩書房、一九七〇年）一八四頁。

（38）前掲『幕末軍事技術の軌跡――佐賀藩史料〝松乃落葉〟――』二一二頁。

（39）奥村正二『小判・生糸・和鉄』（岩波書店、岩波新書、一九七三年）一九二頁。

（40）吉田光邦「幕末反射炉考」（『人文学報』第一九号、京都大学人文科学研究所、一九六四年）四四頁。

Ⅲ・品川台場の構造

築城中の品川台場

出典：『史跡公園台場絵葉書』（東京市、1932 年）。

一、塁台の基本構造

海堡として建設された品川台場の本質的役割は、言うまでもなく砲台という機能を果たすことにあった。前章でも述べたように、各台場はそれぞれの備砲を、広い射界と長い射程で運用するため、方形堡ないしその前面を切った角面堡として設計されていた。塁台というのは、各台場の周囲に設けられた堤防状の構造物で、上部に火砲を配置するための砲座を有し、外壁を石垣で覆っていた。

この塁台の建設にあたっては、主としてエンゲルベルツの築城書が参考にされたものと思われ、後述するように同書所載の沿岸砲台の断面図とほぼ同じサイズで設計されている。また、当初の計画にあった「壹番貳番台場ハ『カットバッテレー』ニ致シ」(1)という、後座砲台(Kat batterij)をもつ塁台の設計も、現存する「壹貳御台場炮台木口絵図」(2)をみると、エンゲルベルツの著書に収載された図に倣ったものであることがわかる。ただしこれは、台場の所要面積が大幅に増大するため、採用されずに終った。

本章では、エンゲルベルツの築城書に示されたセオリーを踏まえつつ、品川台場に関する図面史料や、現存していて実査可能な三番と六番台場の遺構を検証することを通じ、西洋築城術がどのようにとり入れられたのかという問題について、具体的に考察したい。

（1）砲座・胸牆・側牆

塁台の施工は、外壁の石垣普請と並行しながら盛土を行ない、所要の構造物を形成した後、表面に芝を張るという手順で実施された。塁台それ自体は、一番台場の発掘調査によって、「礫や石を全く用いず、関東ローム層中から採取したブロック状のローム土によって形成され[3]」たものであることが確認されている。

その設計にあたっては、エンゲルベルツの *Proeve eener verhandling over de kustverdediging* (1839) が参考にされており、図Ⅲ-1に示した同書の挿図[4]と、図Ⅲ-2に示した「壱弐御台場炮台木口絵図[5]」を比較すると、その相似性は明らかである。それぞれの法量を比較すると、原図の数値を曲尺に換算して図面を引いていることがわかる。

①外頂（Buitenkruin）の高さ

一〇エル――五間二尺九寸（九・九七八七メートル）

②内頂（Binnenkruin）の高さ

一〇・五エル――五間四尺六寸（一〇・四九三八メートル）

③外壁から外頂までの直線距離

一〇エル――五間二尺九寸（九・九七八七メートル）

④外頂から内頂までの直線距離

七エル――三間五尺一寸（七・〇〇五三メートル）

上記部分の法量については、図上で数値を確認することができる一～三番、五番・六番台場の全てが共通となって

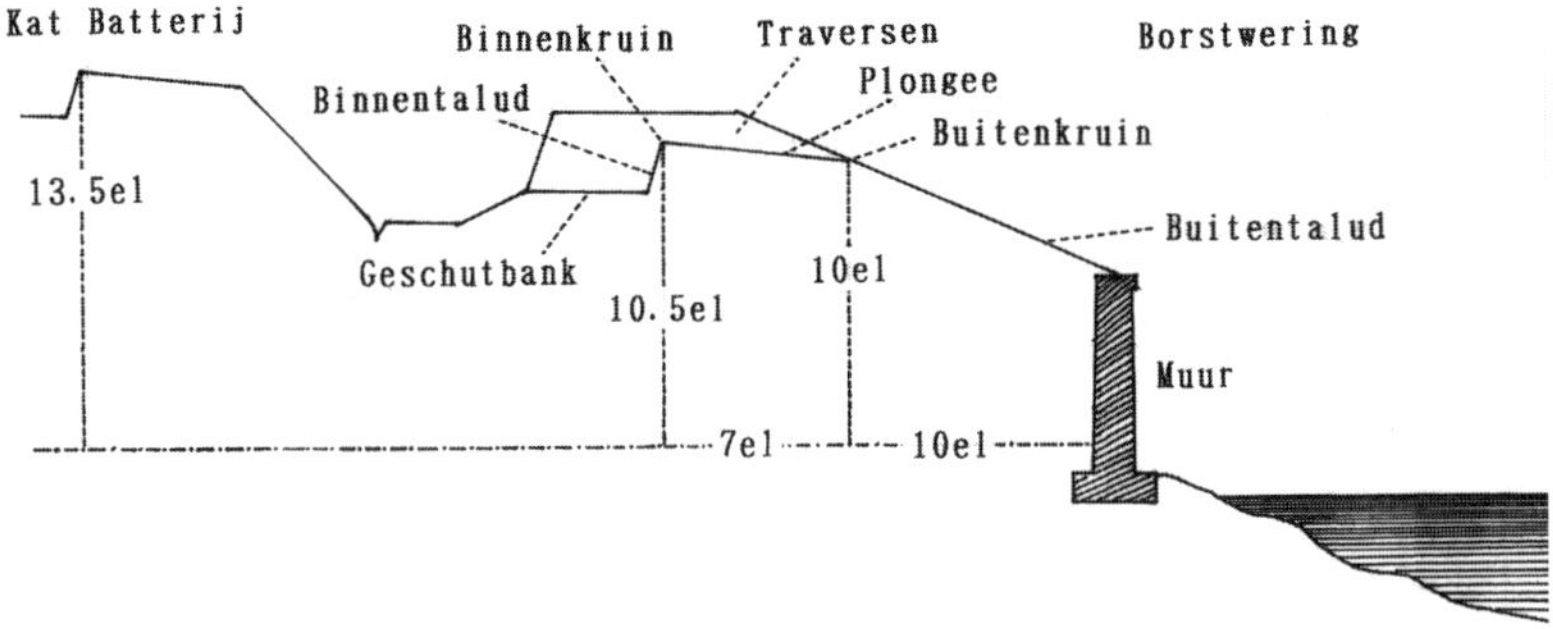

図Ⅲ－1　エンゲルベルツの塁台断面図

Engelberts, J. M. : *Proeve eener verhandling over de kustverdediging* (Gravenhage : Erven doorman, 1839), fig.4 に拠り作図。

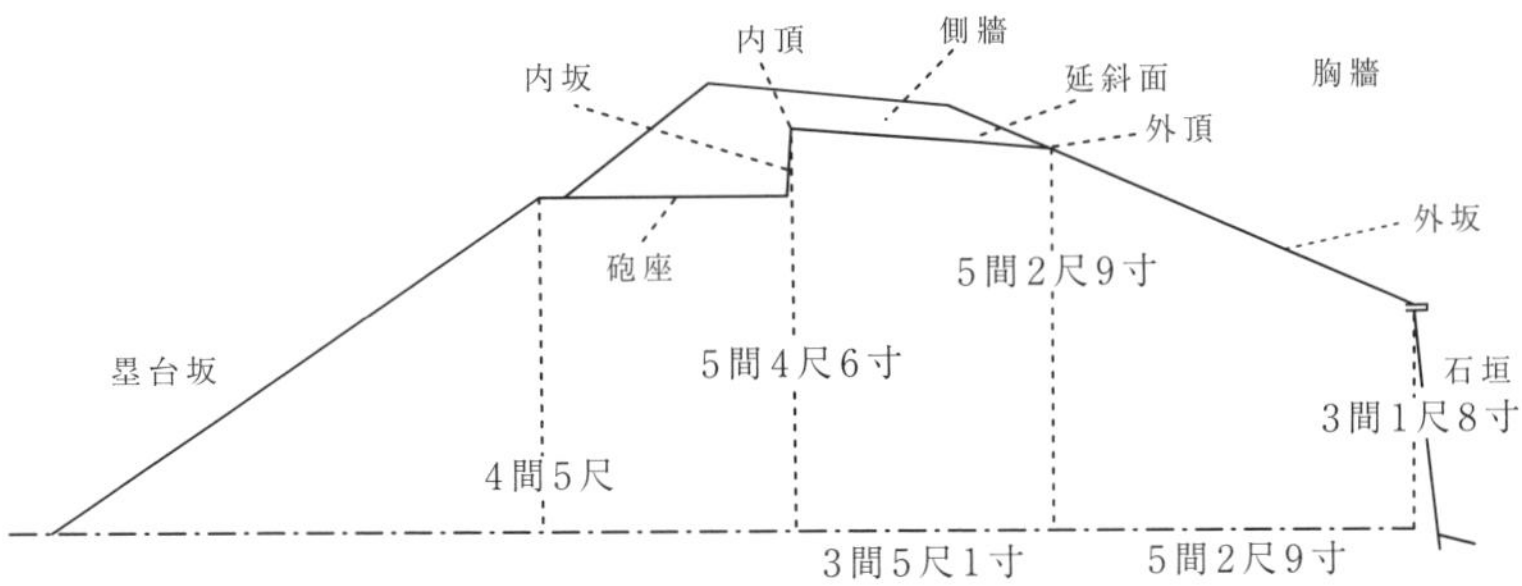

図Ⅲ－2　品川台場の塁台断面図

「壱弐御台場炮台木口絵図」（港区立みなと図書館蔵）に拠り作図。

いる。[6] なお、尺度の単位となる「エル(el)」は「曲尺ニテ三尺三寸」[7] に換算されており、これは現在のほぼ一メートルに相当する長さである。

砲座(Geschutbank)は、砲架に載せた火砲を据え付けるための平坦部であり、全ての台場の周囲に三間五尺一寸(七・〇〇五三メートル)の幅で設けられていた。高さについては海側に面した前面が四間五尺(八・七九五メートル)、陸側に面した背面が五間一尺六寸(九・五八四八メートル)となっている。これにより胸牆《きょうしょう》の立ち上がりが、前面で一・六九八八メートル、背面で〇・九〇九メートルとなるが、その高低差は側牆《そくしょう》の後方に設けられた階段状の構造によって接続されていた[8](図Ⅲ－3)。

こうした砲座の高低差は、そこに配備された火砲の種別に対応したものである。すなわち、前面に配備されたのは、八〇ポンドボムカノン、三六ポンドないし二四ポンドカノンといった要塞砲で、堤砲車(Kustaffuit)と呼ばれる車高の比較的高い砲架が使われていた。これに対して背面には、一二ポンドないし六ポンドカノン、一五ドイムランゲホウイッツルなどの野戦砲が配備され、それらの砲架には車高の低い野戦砲車(Veldaffuit)が使われていた。胸牆の立ち上がりに生じた八〇センチメートル弱の高低差は、要塞砲と野戦砲の高さの違いを反映するものだった(図Ⅲ－4)。

公開保存されている三番台場にあっては、砲座部分が史跡公園の遊歩道となっており、これを整備する過程でかなり手が加えられている。そのため、台場の前面と背面で異なっていた砲座の高低が、どの部分で接続されていたのかを確認することはできない。また、胸牆の立ち上がり部分も流土による埋没が進行していて不明確である(図Ⅲ－5)。また、非公開で絶対保存とされている六番台場においても、雑木の繁茂と流土の進行により、胸牆部分の構造は不明確となっている。

胸牆(Borstwering)は、砲座の前面に設けられた防護壁で、盛土の上部に外向きの緩傾斜をつけたものである。その

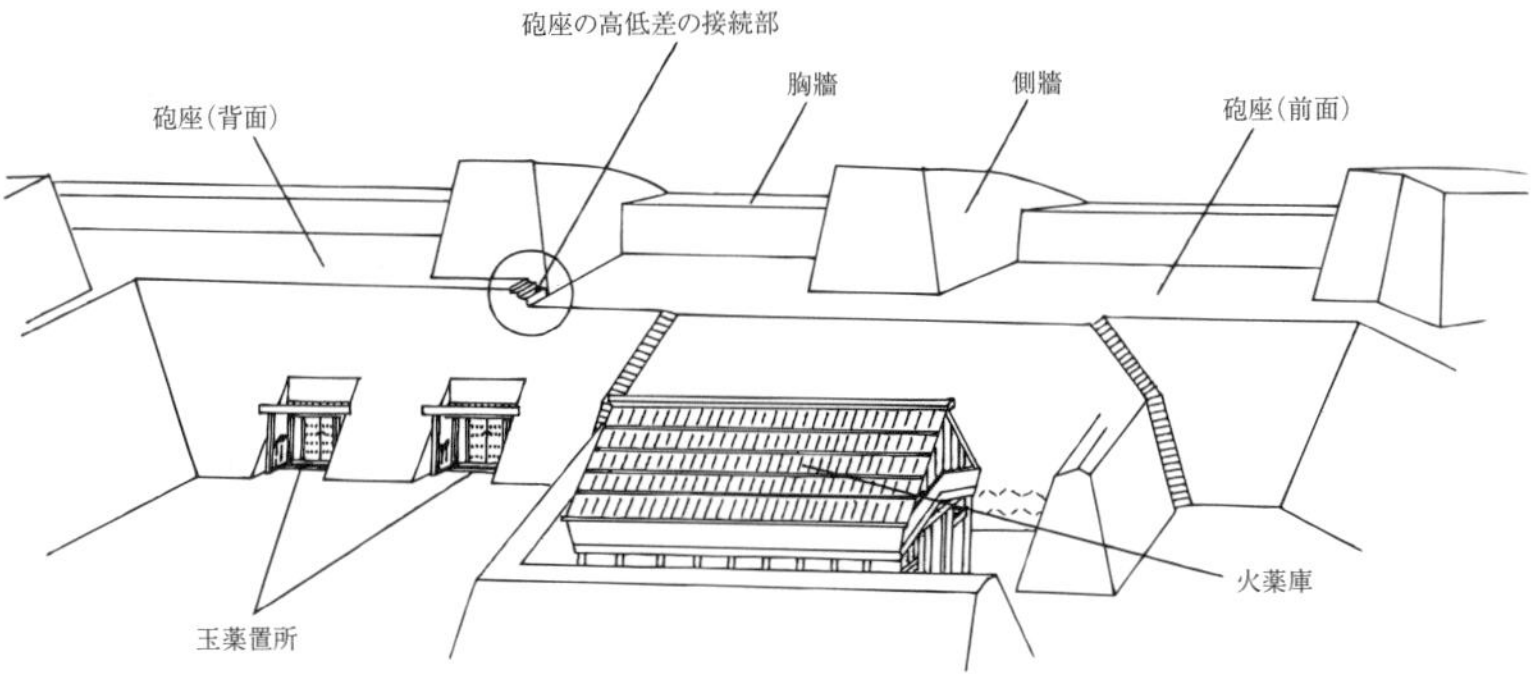

図Ⅲ－３　六番台場の塁台写景図
「六番台場破裂之絵図」(港区郷土資料館所蔵)に拠り作図。

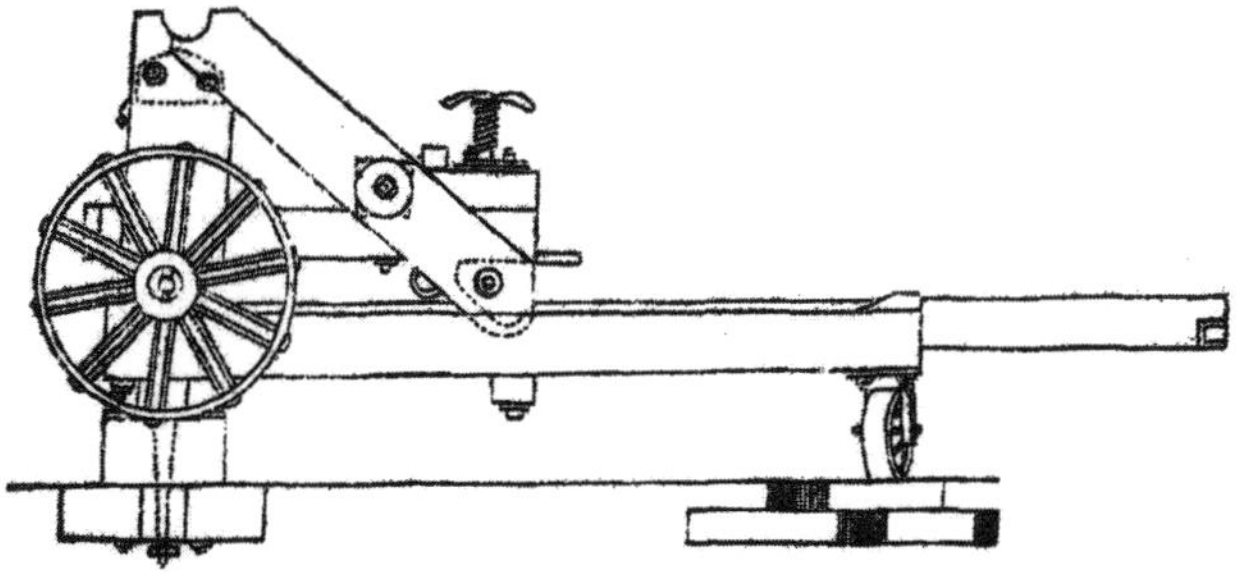

堤砲車
80ポンドボムカノンのほか、36・24ポンドカノンに使用。

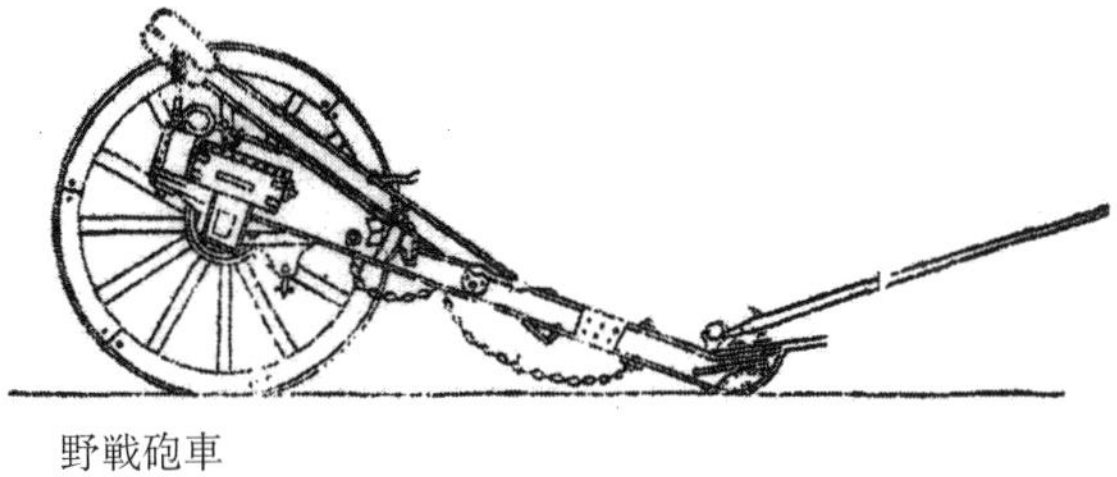

野戦砲車
12・6ポンドカノンと15ドイムホウイッツルに使用。

図Ⅲ－４　品川台場の備砲の砲架
出典：上田亮章『鈴林必携』(田原藩、1953年)図4・5丁。

外坂と延斜面
　比較的保存が良い。

延斜面と砲座
　上部の削平と流土により胸牆の立ち上がりが不明瞭。

図Ⅲ－５　三番台場の塁台

材質については、「完全に石を除去し、粘土(Klei)やローム土(Leem)に若干の砂を混合したものが、特に有用」[9]とされており、品川台場では御殿山や泉岳寺などから切り出した関東ロームが使用された。こうした、比較的軟らかい材料が使われたのは、平射砲であるカノンから放たれた実弾《すだま》(Massige kogel)の衝撃を緩和し、その破壊力を減少させるためであった。胸牆の築造にあたっては、ローム土を一寸程の厚さで間に砂を入れつつ層状に搗き固め、逐次的に土墩《どとん》を形成するという、在来の版築工法が用いられた。

胸牆の法面《のりめん》は、各部の法量をもとに作図した断面図によると、外坂(Buitentalud)が二二度、延斜面(Plongee)が四度の傾斜をもつ。また胸牆部は、幅一七メートルに対し高さ約四・五メートル(外壁上部から内頂まで)で、外形上「低く厚い」[10]構造となっている。胸牆を厚くする理由について、エンゲルベルツは、「艦船のカノンは、陸上の砲台よりも高い密度で並んでおり……その発砲は、適切な見積りによれば、陸上の砲台より少なくとも二倍程速く……一つの確実な地点へ、一定の時間内に、多数の砲弾を打ち込むことができる」[11]ため、このような艦砲の集中射撃に耐え得る強度をもたせる必要から「七エルよりも少なくならないようにしなければならない」[12]ことを説いている。品川台場の胸牆が約七メートルの厚さ(外頂から内頂まで)に設計されているのは、こうしたセオリーに拠ったものであろう。

三番台場の遺構のうち、現在最も手を加えられてしまった度合いの強いのがこの胸牆部分で、外頂から内頂にかけての法面が、遊歩道整備のため削平されている。幸いにして、外頂より外側の法面については、比較的保存が良好だが、現状から本来の胸牆の形を窺うことはできない。因みに品川台場では、それぞれの火砲がこの胸牆ごしに射撃を行ない、弾込めに際しては「洗銃帚(Wisser)」と「撞薬杖(Aaanzetter)」をもった砲員が胸牆の上部に上がって装填作業を実施した。

側牆(Traversen)とは、胸牆に対し九〇度の向きで砲座を仕切る形に設けられた横堤状の構造物である。これは「胸牆上に突出た火砲や多くの砲員を、間接射撃から守るため[13]」の設備で、胸牆と同じローム土を用いて版築されていた。ここにいう「間接射撃（Zijdelingsche schoten）」とは、炸薬を内蔵した榴弾を擲射ないし曲射によって砲台の内部に射ち込み、その爆風・破片効果で人員の殺傷や諸設備の破壊を企図するものであった。

品川台場では、側牆の高さを内頂から三尺三寸（約一メートル）としており[14]、その幅も「二ないし三エルとする[15]」という説明に従って構築されていた。この側牆は、防護壁としてはやや脆弱な印象を受けるが、当時の榴弾に使われていた炸薬は黒色火薬で、その爆速自体が三二〇メートル／秒程度しかなかったため、版築によって強度をもたせた土堤でも対処し得たものと思われる（図Ⅲ－3）。

（2）石垣・張石・波除杭

台場の外壁に関し、エンゲルベルツは「水に曝されるので、常時よくこれを覆っておかなければならない[16]」とし、石材の使用を第一に挙げている。品川台場の建設にあたっては、第Ⅱ章でも述べたように、在来の石垣普請の技術によってこれに対応した。台場建設の現場を監督していたのは、入札によって工事を請負った民間の普請師達で、彼らのもつ伝統的な工法がこうしたところにも活用されたのである。

石垣の基本構造については、図Ⅲ－6に示した幕末期の絵図面が現存し、一番台場の発掘調査によって、図Ⅲ－7に示した遺構も確認されている。また、三番と六番台場に対する、土木学会の詳細な調査が行なわれており[17]、これらを総合して考えると、石垣普請は次のような手順で実施されたことがわかる[18]。

① 「下埋立」によって造成した地盤へ、地杭を打ち込む。地杭には、直径一五センチメートル・長さ六メートル

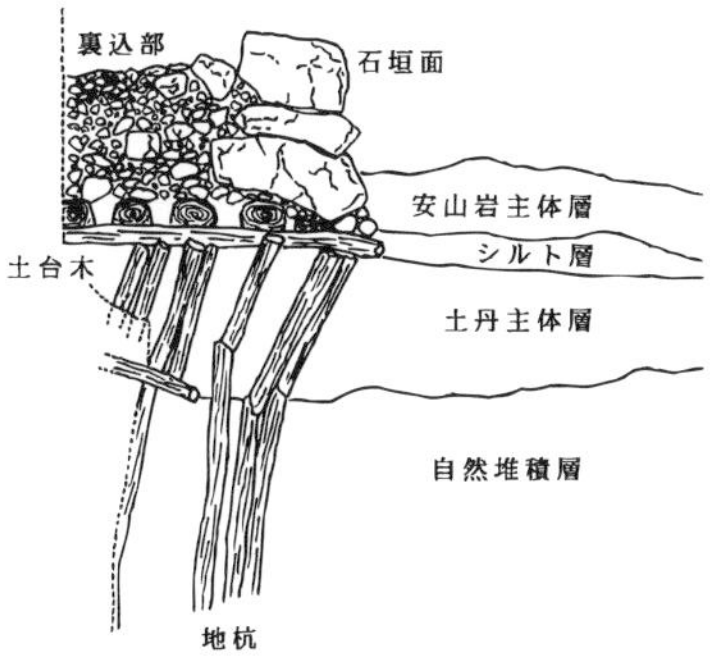

図Ⅲ－7　一番台場の石垣基礎部分
港区教育委員会『第一台場遺跡発掘調査報告書』(日本鉄道建設公団東京支社、1999年) 43頁所収の断面に拠り作図。

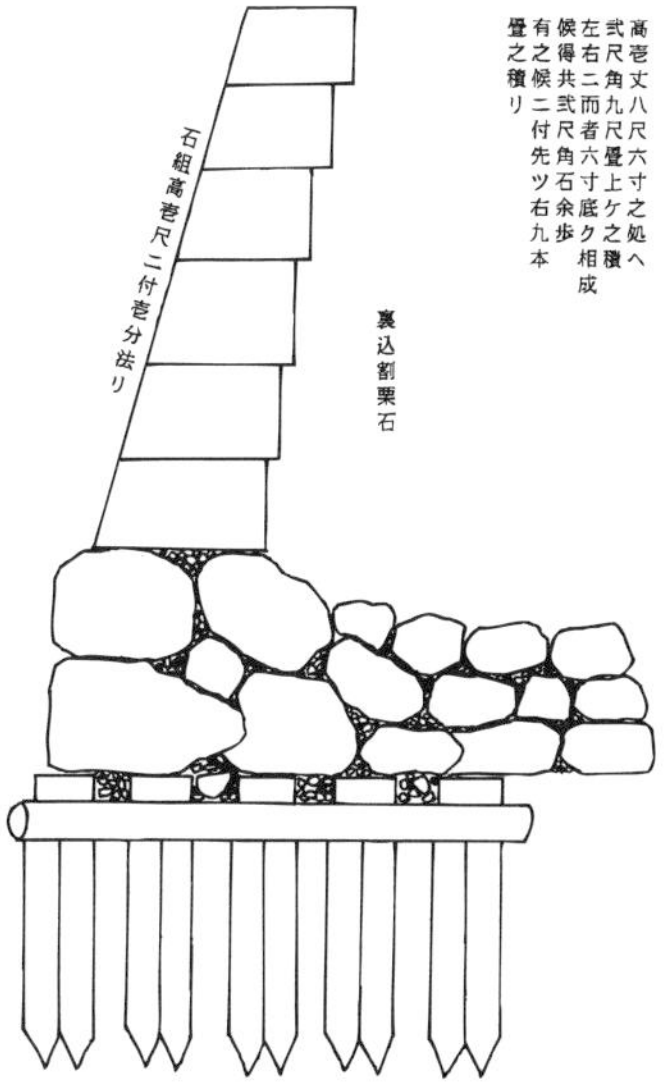

図Ⅲ－6　品川台場の石垣基礎部分
「壱弐三台場正面竿石垣木口絵図」(東京都立中央図書館蔵) に拠り作図。

弱の杉材が多用された(一番台場の例)。

②　地杭の頭を切揃えた上へ、赤松の角材を井桁に組んだ「十露盤敷《そろばんじき》」と称する土台木を設置する。これは、相欠きによって角材を上下二段に組み、鎹《かすがい》で留めたものであった。

③　その上へ根石を置き、石垣の基礎とする。根石には、積み石よりもやや加工の荒い大型の切り石を使用する。

④　根石の上に積み石の裏込として栗石《ぐりいし》を詰込み、石垣表面に生じた隙間には間詰石《けんちいし》を入れて、積み石を固定する。

⑤　積み石と並行して、塁台の土盛りを行ない、台場の外形を築造する。

石垣の積み石に用いられた石材は、発掘調査の行なわれた一番台場の事例でみると、安山岩が八一パーセント、デイサイトが一四・五パーセント、玄武岩が四・五パーセントという割合になっており(19)、現存する三番台場の石垣を観察しても、安山岩の占める割合が圧倒的に多いことが確認できる。なお、石積み法については、各台場によって異なっており、一～三番台場は前面が「切石布積み」で背面が「切石の谷積み」、四番と六番は全面にわたって「切石の谷積み」となっていた[20]（図Ⅲ－8・図Ⅲ－9）。

何れの台場も、隅角の「役場《やくば》」は算木積みとなっており、三番台場においてはこの部分に、短辺と長辺の比率が一：二（六〇センチメートル：一二〇センチメートル）となる隅石が使用されている。また隅石部分には、直径四～五センチメートル程度の鉄製千切《ちきり》が入れられ、石積みの歪みを防ぐ工夫がなされていた。表面からの観察では、全ての隅石にこの千切が入っているのかどうか、また千切がどのような位置関係で入れられているのか、ということはわからない（図Ⅲ－10・図Ⅲ－11）。

品川台場の石垣に特徴的な構造として、その上縁に設けられた「刎出《はねだし》」がある。これは天端石《てんばいし》の下へ厚さ二八センチメートルの板状に加工した切石を据え、外側に四〇センチメートル程の庇を作り付けたものである（図Ⅲ－12）。この「刎出」について林子平は「石垣の上際に椽の如ク石をはね出シたるを云也。此石垣ハ乗難キもの也ト云リ。朝鮮国の城々に此石垣多シト聞り[21]」と述べている。品川台場の石垣にみられる「刎出」は、元治元（一八六四）年に竣工した箱館五稜郭や、慶応二（一八六四）年竣工の信州竜岡城といった、西洋式多稜堡にみられるものとほぼ同じ造りとなっている。エンゲルベルツやペルの築城書に収載された挿図には「刎出」をもつ石垣が描かれており[22]、在来の「笠石を天端石よりもせり出す[23]」という工法を用いて、その形状をコピーしたものと思われる。

なお、オランダの築城書の中では「それら外壁の大きさや形については、完全に工学技術の分野に属するものであり、ここでは述べない[24]」として、具体的な構造についてほとんど触れていない。こと石垣普請に関しては、在来の技術が高度な内容をもっていたこともあって、西洋築城術の影響はほとんど認められない。

前面：切石の布積み。

背面：切石の谷積み。

図Ⅲ－８　三番台場の石垣

全周が切石の谷積みとなっている。

前面の隅角

算木積みされた隅石が良好な保存状態を示している。

図Ⅲ－9　六番台場の石垣

前面の隅角（90 度）
　直方体の隅石を算木積みしている。

背面の隅角（135 度）
　隅石の小口を加工した上で算木積みしている。

図Ⅲ－10　三番台場の石垣の隅角

積石の歪みにより、千切鉄を打ち込んだ石材にクラックが入っている。

千切鉄の打ち込み状態
　直径3センチメートル、石材への打ち込みは5センチメートル。

図Ⅲ－11　三番台場石垣の「千切鉄」

前面の「刎出」
隅角に正方形（150センチメートル四方）の切石を据えている。

背面の「刎出」
切石を135度にあわせて継いでいる。

図Ⅲ－12　三番台場石垣の「刎出」

張石《はりいし》は、埋立てによって造成された地盤の土砂が流出してしまわないよう、石垣の外側に据えられた石畳様の構造物である。全ての台場にこの張石があったのか、また個々の台場においても全周にこれが施されていたのか、という点については明らかでない。一番台場の発掘調査では、この張石は検出されなかったが、二番台場では撤去工事の際にその存在が確認されている(25)。また、現存する三番台場では石垣の南側と北西側に、六番台場ではほぼ全周にわたって、張石が残っている。この張石については、徴すべき文書や図面といった史料がない。ここでは、実査可能な三番と六番台場の事例にもとづいて、その構築状況を考察する。三番台場の南側すなわち台場尖端部に残る張石は、石垣の積み石とよく似た形の石材を用い、小口《こぐち》を石垣の方へ向けるようにして並べられている。石材のほとんどが積み石と同じ安山岩で、あるいはその余剰品が転用されたものとも考えられる。同じ三番台場でも北西側に残る張石はこれと異なり、石垣の基部に添って幅五メートル程の石畳を築いたものである。面《つら》を揃えた石材を組み合わせるようにして敷いており、整然とした印象を受ける（図Ⅲ－13）。六番台場では、石垣の外側へ安山岩や土丹を敷きつめる形で張石としており、それはほぼ台場の全周に及んでいる。注目されるのは、後述する波除杭の杭列が張石の間に認められる点であろう。

埋立てによって造成された品川台場の地盤は、海中に投棄された土砂を土丹の捨石で覆うことにより、その流出を防止する工夫がなされていた。中でも石垣の基部は、潮の干満によって海中からの露出と水没を繰り返し、また常時波の影響を受けることから、張石による補強を特に必要としたのであろう。これも、伝統的な石垣普請に関する技術の中で、経験的に培われて来たものと思われる。

波除杭は、台場の埋立地盤である捨石部へ、その外形に添って打ち込まれたものである。『陸軍歴史　上巻』の収載図では、一～三番、五番台場にこの波除杭が描かれている。何れも台場の前半分を、一列に打込まれた杭に横木を

台場南側に残る「張石」
　石垣の積み石と同様の石材を並べている。

台場北西側に残る「張石」
　幅5メートル程の石畳状になっている。

図Ⅲ－13　三番台場の「張石」

図Ⅲ－14　品川台場を描いた石版画
出典：Oliphant, L., *Narrative of the Earl of Elgin's Mission to China and Japan in the Years 1857, '57, '59,* vol. II (London : William Blackwood and Sons, 1860), p. 101.

渡した、柵状のもので囲む形となっているが、当時の図画史料や、一番台場の発掘調査で検出された杭列をみると、これらの図とはかなり相違がある。

品川台場を写実的に描いたスケッチとして図Ⅲ－14に示す石版画があるが[26]、それをみると、横木のない一列の杭が台場の背面にまで及んでいるらしい様子がわかる。また、幕末当時に版行された瓦版の中でも、台場の周囲に一列の杭が打たれている様子を描くものが多い。瓦版の絵は写実性という点では劣るが、実見したイメージは大過なく伝えており、波除杭が台場の周囲を取り巻く形で打ち込まれていた可能性を示している。

他方、一番台場の発掘調査では「都合八列」[27]の波除杭が検出されている。杭列は、内側が三列・外側が三ないし五列で、径一〇～一五センチメートル程の杉材が多く用いられていた。内側の杭列は、一列目が石垣から九メートル離れた位置に打たれており、一～三列目の間隔はそれぞれ一・八メートルだった。外側の杭列は、石垣から一三メートル余の位置に打たれた四列目から始まり、五メートル前後の幅の中に不規則な形で打ち込まれていた。(28)

現在、六番台場の北西側には、波除杭の杭列が残されている。波除杭に使用されているのは、径一〇～二〇センチメートルの丸太で、常時海水に没した部分だけが残存する状態である。引潮時に地表から観察するだけでは、その全体を把握することはできないが、杭列が数線にわたって構成されているのは確実である（図Ⅲ－15）。

これら波除杭は、捨石部を固定すると共に、台場に打ち寄せる波の水流を撹乱して土砂の流出を防ぐという役割をもっていたと思われるが、その効果のほどは疑わしい。むしろ敵の舟挺が台場へ接近ないし接岸するのを妨げるための障害物、という機能の方が有効であったと思われる。特に外側の杭列が設けられた石垣からの距離（一三～一八メートル）は、台場の胸牆（延斜面）上から小銃射撃を行なう際に生じる死角の手前に位置しており、これらが軍事的条件をもとに設置されていたことがわかる。

おそらく外側の杭列は、その頭が水面下に隠れるように設置され、敵の舟艇が台場に接近するのを、小銃射撃の死角に入る直前で阻止するという役割を果たしたものと思われる。品川台場を攻略するにあたって、「攻撃者が高い囲壁の真下まで舟を漕ぎ寄せれば、御台場からの銃砲による攻撃を、死角に入るために受けずにすむ」(29)という考えは、誰もが安直に思いつくものだが、台場の周囲に数線にわたって設けられた杭列は、こうした企図を不可能にしていた。

安政四（一八五七）年に品川台場を間近で実見したイギリスの外交使節は、「これらの砲台が石の巨大なブロックによって構築され、その上に大口径の火砲を配備し、杭を周囲に打ち込んだものである」ことを確認し、「築城学に関するかなりの知識」が日本側にあったことを認めている。(30)その際彼らが調査したのは、品川台場の配置や石垣・塁台・火砲・波除杭といった、外見的な構造であった。

張石の間に、直径10～20センチメートル程の波除杭が残る。

波除杭の杭列

図Ⅲ－15　六番台場に残る波除杭

品川台場の外形を象徴する主要な構造物は、いうまでもなく石垣をもった塁台であり、これはオランダの築城書にもとづいて設計し、在来の築城術によって建設されたものだった。特に火砲を配置する塁台の砲座・胸牆・側牆などは、エンゲルベルツの築城書をテキストとして、全くの洋式に設計されていた。

石垣については、オランダ築城書に詳述したものがなく、また在来の施工技術が優れていたこともあって、日本式の普請がなされた。また波除杭は、それまで海堡に関する知識や経験のなかった日本で、埋立地からの土砂流出防止と、台場へ接近しようとする舟艇に対しての障害物という役割を兼ね、新規に考案されたものと思われる。

註

(1) 勝安房編『陸軍歴史　上巻』（陸軍省、一八八九年）、「巻一〇」八四頁。
(2) 船橋市西図書館蔵。
(3) 港区教育委員会事務局『第一台場遺跡発掘調査報告書』（日本鉄道建設公団東京支社、一九九九年）三七頁。
(4) Engelberts, J. M. : *Proeve eener verhandling over de kustverdediging* (Gravenhage : Erven Doorman, 1839), fig. 4.
(5) 港区立みなと図書館蔵。
(6) 港区立みなと図書館収蔵の図面史料および、前掲『陸軍歴史　上巻』収載図を比較しても、異同は認められない。
(7) 大塚同庵訳『熕砲射擲表』（桂園塾、一八五二年）による。
(8) 「六番御台場破裂之絵図」（港区立みなと図書館蔵）。
(9) Engelberts : *op. cit.*, p. 44.
(10) 大類伸・鳥羽正雄『日本城郭史』（雄山閣、一九七七年）七〇九頁。
(11) Engelberts : *op. cit.*, pp. 43-44.
(12) *Ibid.*, p. 43.
(13) *Ibid.*, p. 55.
(14) 「壱弐御台場炮台木口絵図」（港区立みなと図書館蔵）。

（15）Pel, C. M. H. : *Handleiding tot de kennis der versterkingskunst* (Hertogenbosch : Gebroeders Muller, 1852), p. 34.
（16）Engelberts : *op. cit.*, p. 45.
（17）土木学会『台場公園の保護とその利用に関する調査研究報告書』（土木学会、一九九二年）一六八〜一七八頁。
（18）石垣の普請方法については、北垣聰一郎『石垣普請』（法政大学出版局、一九八七年）、田淵実夫『石垣』（法政大学出版局、一九七五年）を参照。
（19）前掲『第一台場遺跡発掘調査報告書』六七〜六九頁。
（20）前掲『台場公園の保護とその利用に関する調査研究報告書』二〇四頁。
（21）林子平『海国兵談』（岩波書店、岩波文庫、一九三九年）一四六頁。
なお人吉城など、在来の築城法で普請された城郭の石垣にも、「刎出」をもつものがある。
（22）Engelberts : *op. cit.*, fig. 4. および、Pel : *op. cit.*, p. 87.
（23）前掲『石垣』二〇五頁。
（24）Pel : *op. cit.*, p. 152.
（25）佐藤正夫『品川台場史考』（理工学社、一九九七年）一〇一頁。
（26）Oliphant, L. : *Narrative of the Earl of Elgin's Mission to China and Japan in the Years 1857, '58, '59*, vol. II (London : William Blackwood and Sons, 1860), p. 101.
（27）前掲『第一台場遺跡発掘調査報告書』四五頁。
（28）同右、四五頁。
（29）R・ヴェルナー著（金森誠也・安藤勉訳）『エルベ号艦長幕末記』（新人物往来社、一九九〇年）四四頁。
（30）Oliphant : *op. cit.*, p. 101.

二、台場の内部施設

品川台場の内部に造られた諸施設を、その用途にしたがって分類すると次のようになる。これらは各台場とも大同小異であり、本章では、戦前から史跡に指定されていたことで、諸施設の遺構・古写真・図面等が残る、三番と六番台場の事例を軸に考察を進める。

一、格納施設　火薬庫・玉置所・玉薬置所
二、防禦施設　一文字堤・持留土《もちどめつち》
三、生活施設　番士休息所・井戸・雪隠
四、交通施設　柵門・波止場

エンゲルベルツの築城書では、こうした諸施設について「敵の砲撃から、弾薬や火砲や人員を防護する[1]」ことに留意しながら、台場の内部に配置すべきであると説いている。品川台場においては、火薬庫・玉薬置所・一文字堤・波止場などの配置に関しては各台場とも概ね同様だったが、番士休息所の位置や持留土の造作はそれぞれの台場によって、若干の異同があった（図Ⅲ－16～図Ⅲ－18）。

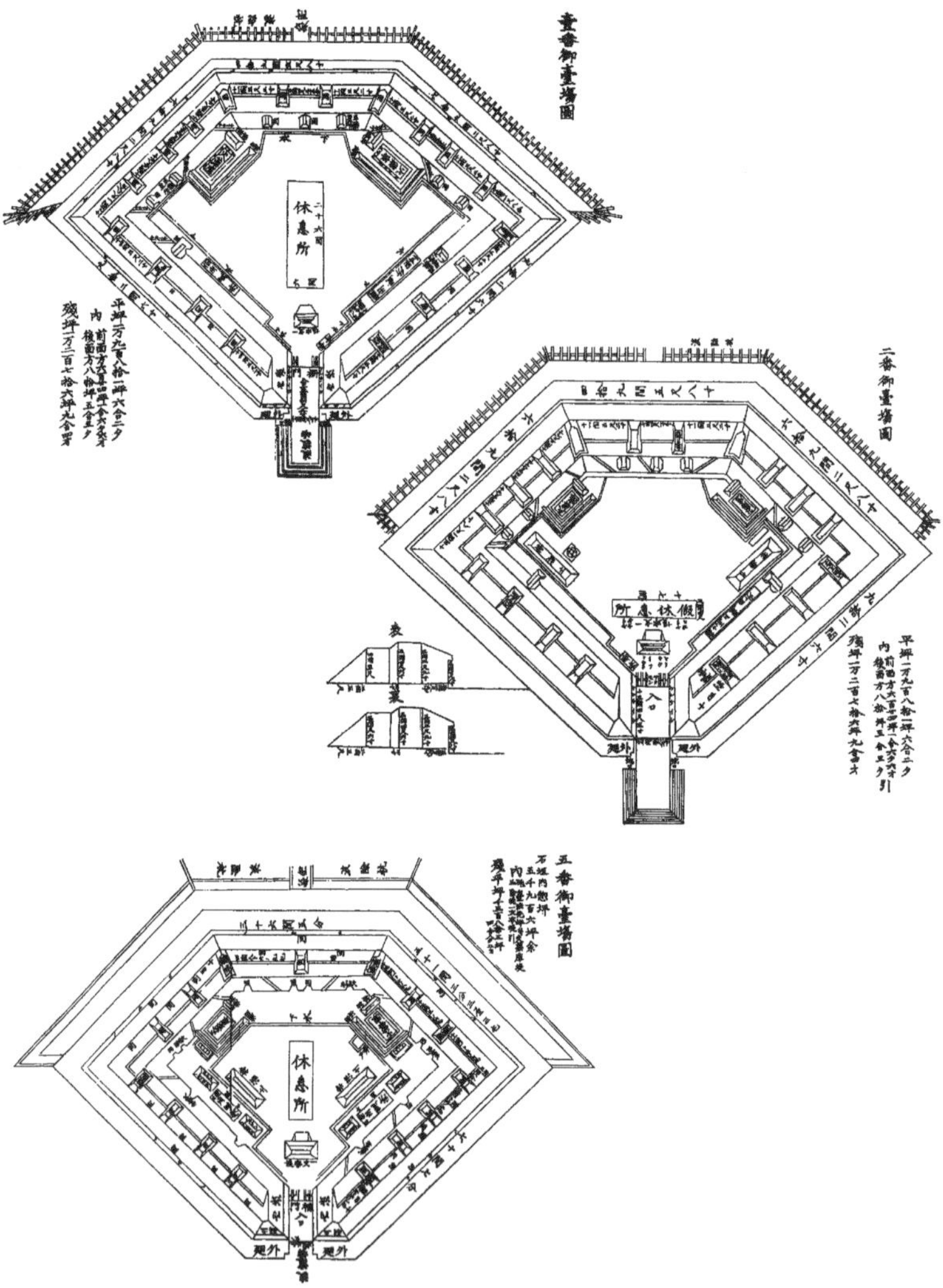

図Ⅲ－16　一番・二番・五番台場平面図
出典：勝安房編『陸軍歴史　上巻』（陸軍省、1889 年）、「巻 10」付図。

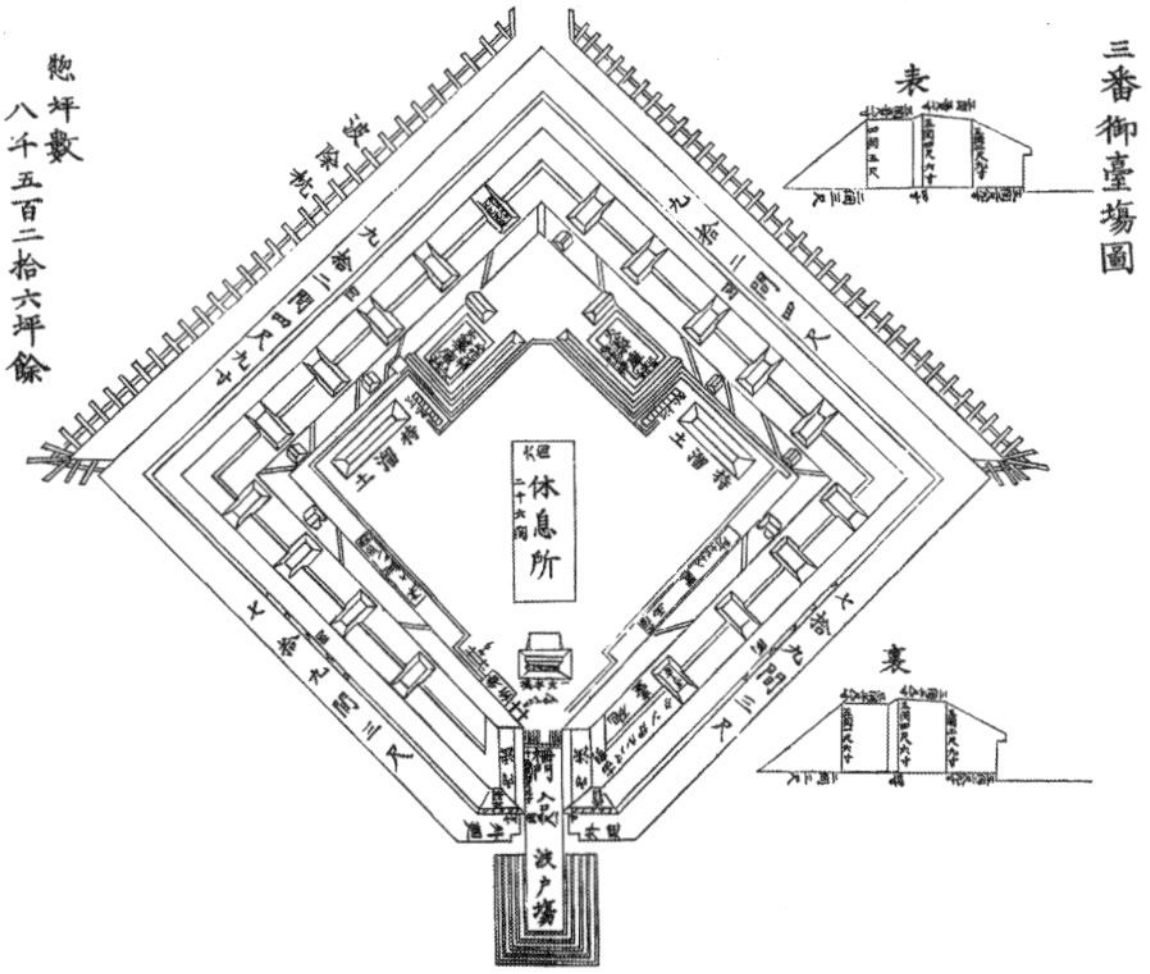

出典：前掲『陸軍歴史　上巻』、「巻 10」付図。

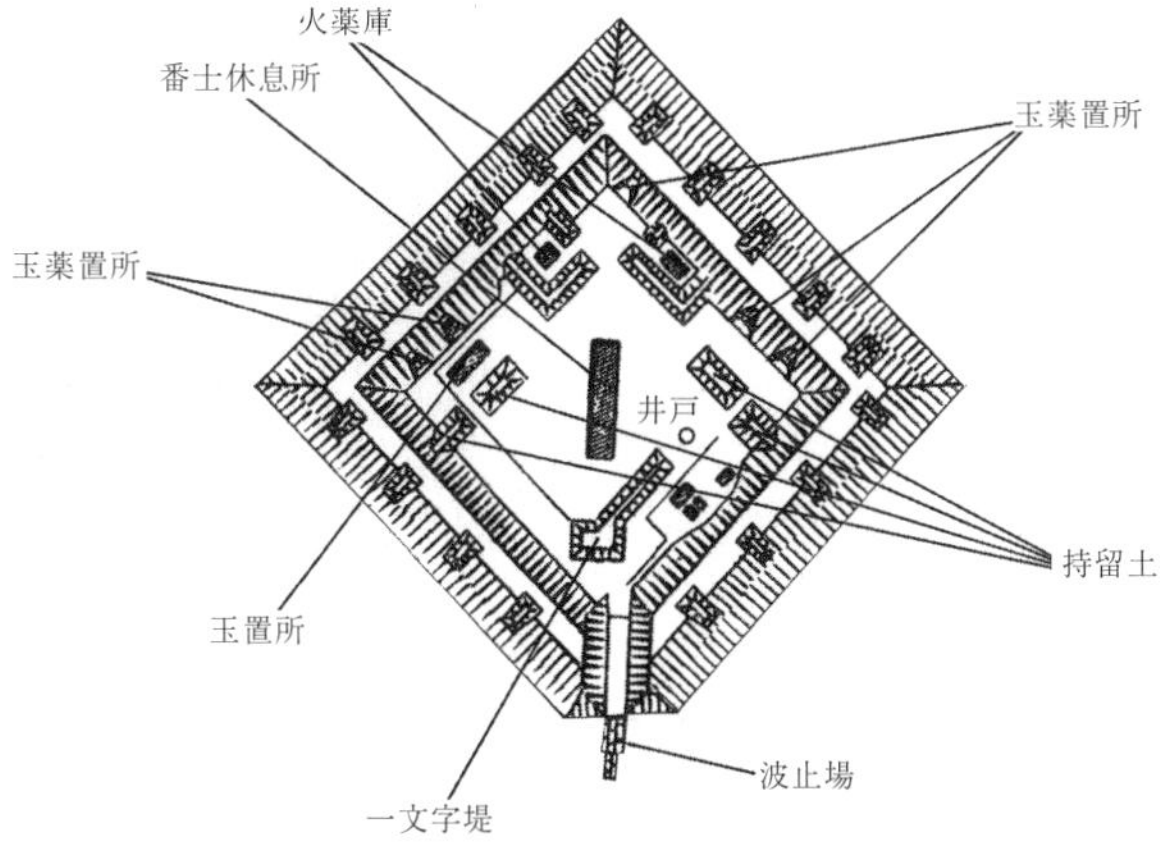

三番台場の内部施設『東京 1/5000　実測図第七帖三』（内務省地理局、1888年）に拠り作図。

図Ⅲ－17　三番台場平面図

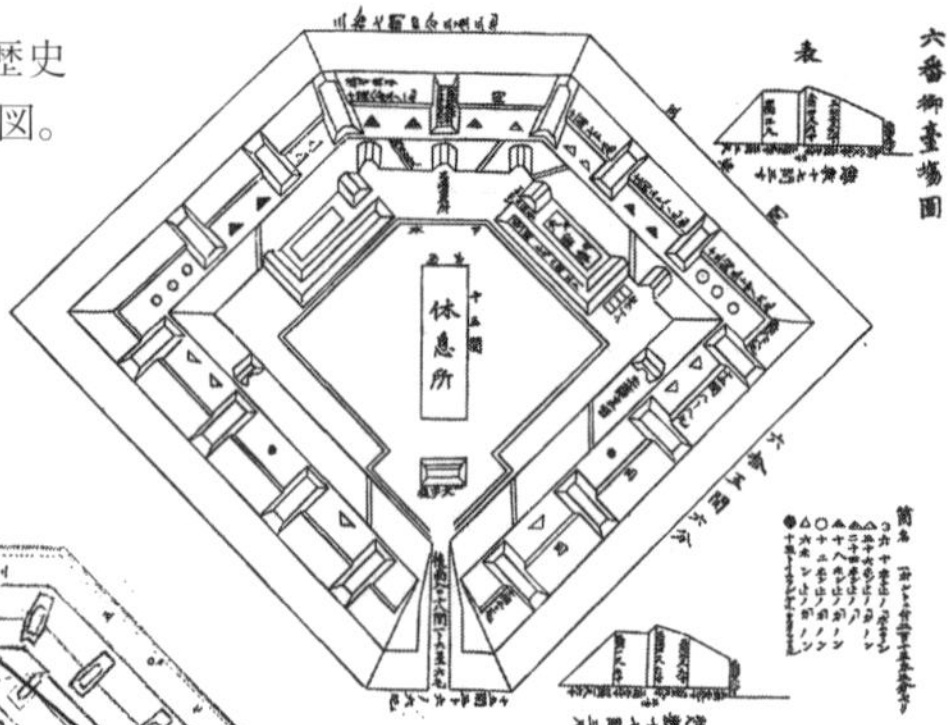

出典：前掲『陸軍歴史上巻』、「巻 10」付図。

写真に写っている部分。

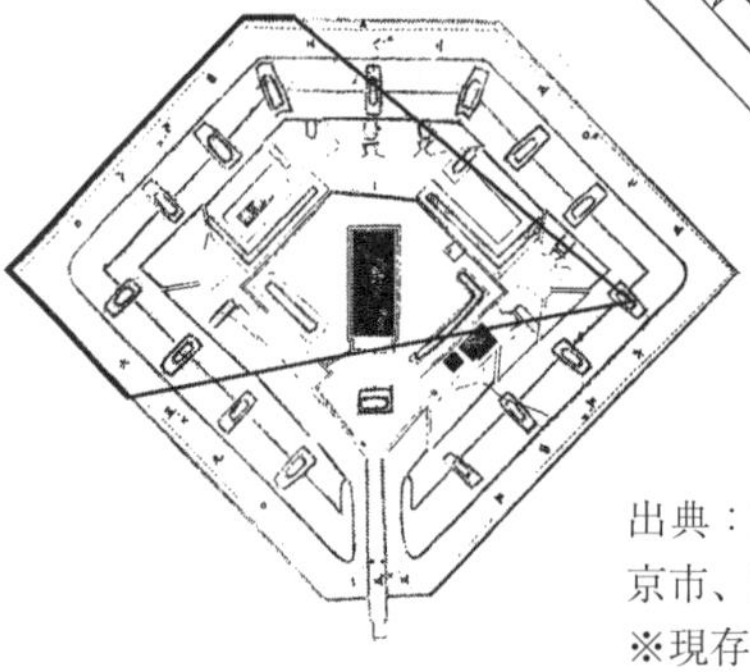

出典：東京保健局公園課『品川台場』（東京市、1927 年）付図。
※現存する六番台場の実測図。

出典：前掲『品川台場』口絵。

図Ⅲ－18　六番台場平面図と内部

（1）格納施設

火薬庫（Buskruid magazijn）は、装薬ないし炸薬として使用される黒色火薬を格納するための施設である。昭和初期（一九四〇年代）まで残っていた同施設の写真をみると、木造瓦葺きの建物で、周囲に土堤をめぐらしているのがわかる。各台場ごと、火薬庫は二カ所ずつ造られているが、これは火災や被弾などの危険に備え、火薬を分散する形で格納したことによるものと思われる（図Ⅲ－19）。

火薬の貯蔵量は、一番・二番台場がそれぞれ一六、八九六貫目（六三、三六〇キログラム）、三番台場が一六、〇九六貫目（六〇、三六〇キログラム）、五番・六番台場それぞれが八、七二八貫目（三二、七三〇キログラム）とされていた。[2] つまり各台場の火薬庫一棟には、一六～三一トン強の黒色火薬が収納される計算だった。火薬庫の広さは、一番・二番台場で「九間半×五間（一七・二九×九・一メートル）」、三番台場で「七間半×五間（一三・六五×九・一メートル）」、五番・六番台場で「八間半×四間（一四・五六×七・二八メートル）」、であった。[3]

火薬庫の屋根は瓦葺きとなっており、防火・防水の機能を果たしていた。三番台場の火薬庫は、関東大震災後の修復によって屋根瓦を葺替えており、現在その跡地に散乱する瓦片は近代のプレス瓦ばかりである。ただし、後述する玉薬置所の周辺には、江戸時代の黒瓦の破片が若干散布していて、これらが火薬庫の瓦であった可能性が高い。幕末の江戸では、中之郷瓦町において、この黒瓦が盛んに焼かれていた。[4] おそらく隅田川の水運を利用して、品川台場まで運んだのであろう。

火薬庫は、塁台坂（Banketstalud）の裾に接する形で設けられており、三方向に土堤をめぐらせて、火災や爆発といっ

六番台場の火薬庫（前掲『品川台場』口絵）

三番台場に残る火薬庫址の土堤

図Ⅲ－19　火薬庫と土堤

た事故に備えた。また、台場の前面を構成する塁台の内側に接して火薬庫を置くことで、艦砲からの直撃弾を受けにくくする工夫がなされていた。土堤は、幅約三メートル・高さ約二メートルで、その内側基部には土留めのための石垣が設けられていた。三番台場の遺構には、出入口となる部分の袖堤側にも石垣があるが、これは関東大震後の修復で付加されたものと思われる。

玉置所（Kogel hangaar）とは、炸薬を充填していない暴母弾や榴弾（Bommen・Granaad）、ソリッドな鉄球である実弾《すだま》（Massige kogel）、霰弾射に用いられる鉄葉弾（Blikdoos）を格納するための、木造施設である。爆発の危険がないことから、土堤を周囲にめぐらす等の防護措置は施されていない。各台場それぞれが、二カ所ずつこの玉置所を設けており、その広さと格納された砲弾は次の通りだった。[5]

○一番・二番台場

玉置所：一五間×二間（一棟）、六間×二間（一棟）

砲　弾：八〇ポンド用暴母弾　一、八〇〇発

同右用鉄葉弾　二〇〇発

二四ポンド用榴弾　二、四〇〇発

同右用鉄葉弾　八〇〇発

一五ドイム用榴弾　四〇〇発

同右用鉄葉弾　四〇〇発

○三番台場

玉置所：一五間×二間（一棟）、六間×二間（一棟）

砲　弾：二四ポンド用実弾《すだま》　三、九六〇発
　　同右用鉄葉弾　四四〇発
　　一二ポンド用実弾　二、四〇〇発
　　同右用鉄葉弾　二、四〇〇発
　　一五ドイム用榴弾　四〇〇発
　　同右用鉄葉弾　四〇〇発

○五番・六番台場
玉置所：六間×二間（二棟）
砲　弾：二四ポンド用実弾　一、二〇〇発
　　同右用鉄葉弾　一、二〇〇発
　　六ポンド用榴弾　一、二〇〇発
　　同右用鉄葉弾　一、二〇〇発
　　一五ドイム用榴弾　二〇〇発
　　同右用鉄葉弾　二〇〇発

玉置所は、幅二間の細長い建物で、一五間の長さをもつものと六間の長さのものがあった。鉄製の各種砲弾だけを格納する施設だったことから、厳重な防湿・防火対策を施す必然があまりなく、比較的簡易な建物であったらしい。このため、一九四〇年代には既に残っている玉置所はなく、写真等も現存しない。

玉薬置所（Ammunitie magazijn）には、警備上の要請に即応するため、砲弾に炸薬を充填し、絹製の火薬袋に入れた装

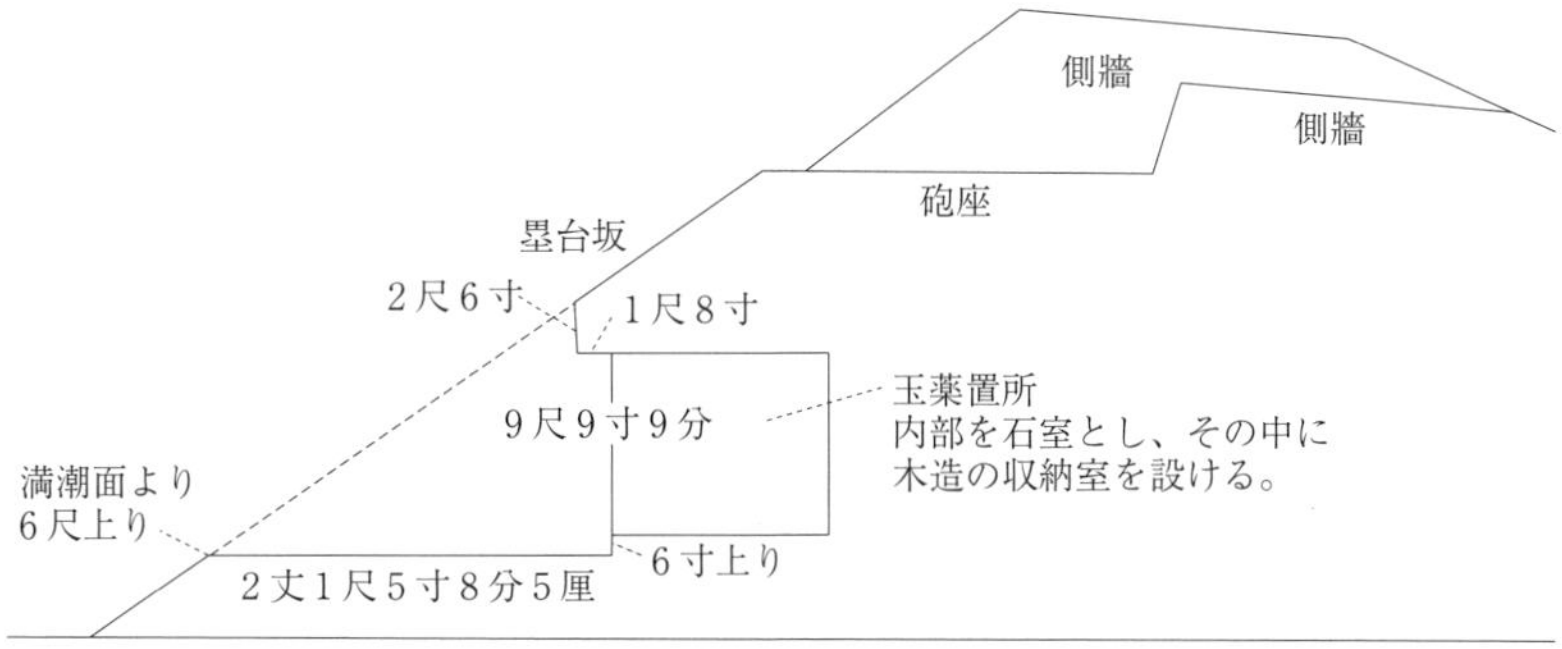

図Ⅲ－20　玉薬置所の構造
前掲「壱弐御台場炮台木口絵図」に拠り作図。

薬をこれにセットした状態の弾薬を、所定量収納した。このため、爆発事故等に備えた厳重な防護措置が必要で、砲撃による誘爆を防ぐ意味からも、塁台の基部を穿って石室を造り、その中に木造の収納室を設けるという二重構造になっていた（図Ⅲ－20・図Ⅲ－21）。

各台場に設置された玉薬置所の数は、史料によって異同があるが、実際に造られたのは、一番台場に七基、二番台場に五基、三番台場に五基、五番台場に一一基、六番台場に四基だったと思われる。[6] 大きさは「間口七尺六寸、奥行一丈一尺九寸」[7]で全てに共通となっており、「堅木」の角材で壁を造った上へ「三尺三寸」の厚さに「置土」を施していた。[8] また当時の絵図をみると、玉薬置所の全面には鋲を打った厚い扉があり、その上部に小型の庇が取り付けられていたことがわかる。[9]

現存する三番・六番台場の遺構は何れも石室のみとなっており、その中にあった木造収納庫本体は失われている。なお、この石室上にマウンド状の土盛りが築かれ、前面にも土堤らしきものが認められるが、これらは後世になって手が加えられたものと思われる。

六番台場の玉薬置所址
木造格納庫はすでに失われている（前掲『品川台場』口絵）。

三番台場の玉薬置所址

図Ⅲ－21　玉薬置所の石室

(2) 防禦施設

台場内部に設けられた防禦施設としては、一文字堤と持留土という土堤状の構造物がある。このうち一文字堤は、何れの台場においても、背面に向かって開かれた通路へ相対する形で一カ所ずつ設けられていた。これに対して持留土は、それぞれの台場ごとに、設置される位置や形態が異なっていた。

一文字堤とは、要するに歩兵用の護胸壁であり、波止場から台場の内部に向かう通路を射程に収め、小銃の火力によって敵の進入を阻止する役割を果たした。法量に関する記録はないが、胸牆の高さは平均身長の男性成人が小銃を立姿で構えた高さに対応し、足場からの立ち上がりが一・二五〜一・三〇メートルとなるように設計されていた。また足場部分は、二列の火線を構成できるよう、一・〇〜一・二メートルの幅をもたせていたと思われる[10](図Ⅲ－22)。

当時の洋式歩兵銃は、八匁すなわち口径一七・五ミリメートルの球形鉛弾を発射する前装滑腔式のものであり、オランダ語の Infanterie geweer ないし Oorlogs geweer という称呼に因んで、ゲベールと呼ばれていた(図Ⅲ－23)。同銃は全長が一・三七メートルと長く、弾薬を銃口部から装填するため、兵士は立姿でこれを行なうことが多かった。また滑腔銃であったため、個々の小銃の命中精度は低く、銃陣による弾幕射撃が一般に行なわれた。品川台場の一文字堤は、こうした条件を踏まえつつ、塁台部分と同様の版築工法によって、関東ロームを搗き固める形で築造されたものと思われる。

三番台場にこの一文字堤の遺構があるが、堆土の流出がかなり進んでおり、原形を窺うことは困難である。またこの遺構は、次に述べる持留土と接続しており、台場の内部に榴弾が射ち込まれた場合には、防護用の土堤としても使

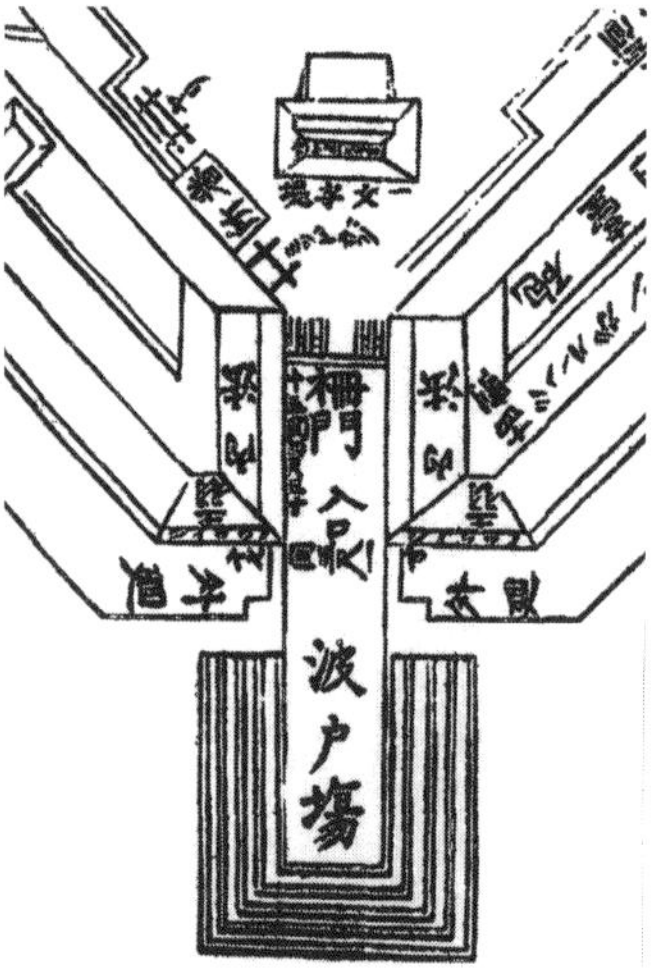

平面図にみる位置
出典：前掲『陸軍歴史　上巻』、「巻10」付図。

歩兵用の護胸壁
出典：中西喜一郎『西洋兵学訓蒙』（刊所不記、1857年）81図。

現存する「一文字堤」。

図Ⅲ－22　三番台場の「一文字堤」

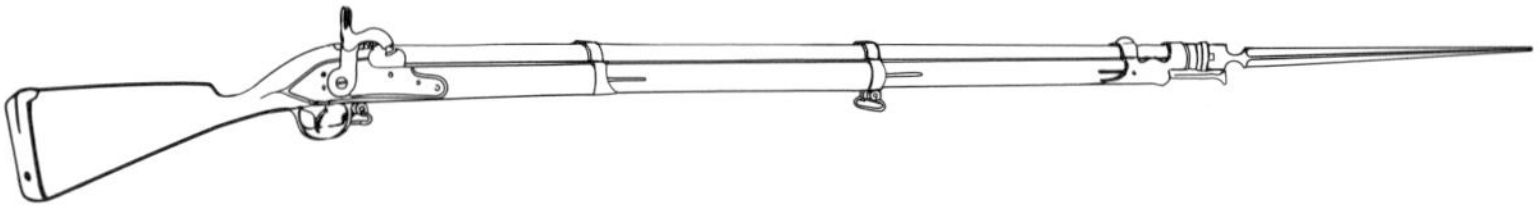

オランダ軍の制式歩兵銃
幕末の日本でも盛んに倣製された。
出典：講武所訳『小銃部分名称』(講武所、1857年)。

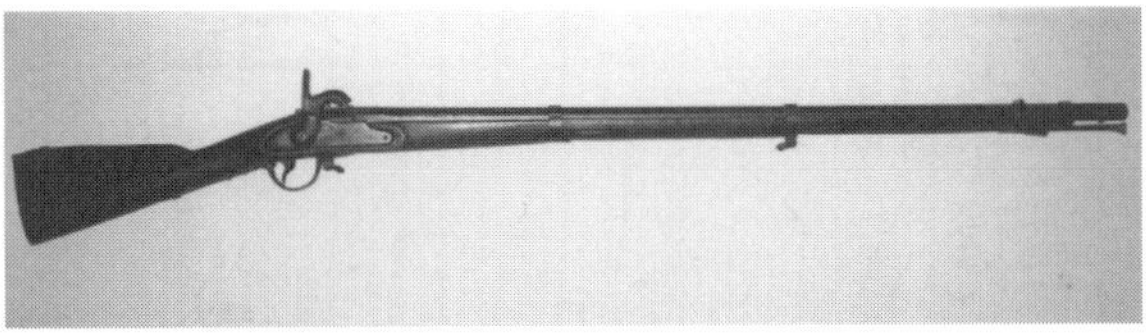

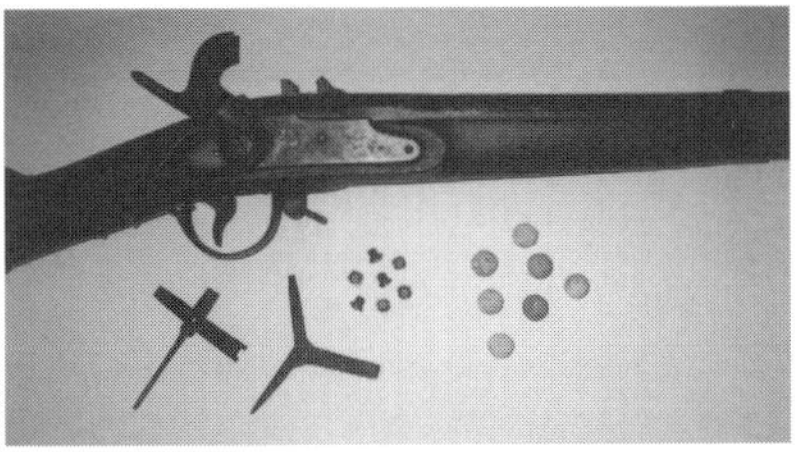

国産の倣製ゲベール
全長・口径ともオランダ製と同一だが、鉸練が全て鉄製となっている。

図Ⅲ－23　ゲベール銃

うことが想定されていたようである。

持留土というのは、台場の塁台等が戦闘時に被弾・損壊した場合、そこへ応急処置を施すために備蓄された、補修用のローム土である。各台場ではこれを土堤状に積み上げ、それぞれ適宜に内部へ配置していた。持留土を大別すると、個別の堤になったものや、塁台坂に接して袖堤になったもののほか、盛土のままで成形されていないものがあり、台場ごとにこれらを組み合わせていた[11]。また持留土の配置は、角面堡である一番と二番、五番と六番の台場でそれぞれ類似した形となっていたが、方形堡である三番台場ではそれらと異なる配置だった。

持留土は、必要に応じて取り崩して使用するものであるから、一文字堤のような強度を必要とせず、せいぜい盛土を叩いて成形するといった程度の造りだったと思われる。戦闘時には、榴弾の爆発から兵員を守るための防護壁としても使用できるよう、土堤型の形状となっていた。

(3) 生活施設

台場の守備にあたる士卒の人数について、江川太郎左衛門は計画段階で、「大筒壱挺に付、人数六人に相定、当番・控番・非番と三組に相立候」[12]ことと見積っていた。各台場の備砲数から砲員の人数だけを単純に計算すると、一番台場は一六八人、二番台場は一六二人、三番台場は一八〇人、五番と六番台場はそれぞれ一二〇人となる。平時はこれを三交代制にする計画となっており、各組に指揮官が就くことを考えても、大体四〇～六〇人位が台場に常駐する人数ではなかったかと思われる。

慶応三～四（一八六七～六八）年の一年余にわたって、五番台場の警備を担当した佐倉藩では、当時二四門あった備砲のうち一五門だけを使用することとして、次のような人員配置を行なっていた[13]。

八十斤	此人数六人	壱挺
十五寸	壱挺ニ付七人掛リ	弐挺
十二斤	此人数四十二人、壱挺七人掛リ	六挺
六斤	此人数四十二人、壱挺七人掛リ	六挺

〆御筒数拾五挺　人数百四人

これらの士卒は、人工島である台場に小舟で渡り、次の交代が来るまでの間ここに詰めた。台場内部に設けられた生活施設は、勤務にあたる守備兵の寝食を賄う場であった。

番士休息所は、台場に詰める士卒が起居を共にしていた木造家屋であり、一端に火焚所が設けられ、炊事等もここで行なわれた。広さは各台場ごと異なっており、それは次のようなものであった[14]（図Ⅲ－24）。

一番・二番台場　「二五間×六間（約四九七平方メートル）」

三番台場　「二六間×六間（約五一七平方メートル）」

五番・六番台場　「一五間×六間（約二九八平方メートル）」

また、前記した各台場の砲員数をもとに、一人あたりの居住面積を算出すると、一番で二・九五平方メートル、二番で三・〇六平方メートル、三番で二・八七平方メートル、五番と六番台場で各々二・四八平方メートルとなる。平時は三交代制であったことを考えると、日常的に比較的広々と使っていた様子が窺える（図Ⅲ－25・図Ⅲ－26）。

何れの台場も、番士休息所を内側のほぼ中央に建設しているが、砲撃による被害を減少させるための防護工事は、特に施していなかった。有事に際しては、守備兵のほとんどが塁台上に配置され、塁台下で作業するのは、玉薬運搬手等少数の者に限られていた。砲撃を受けた場合、無防備な番士休息所が一定の損害を蒙るであろうことは、当初から想定されていたものと思われ、屋根を「柴ニテ厚サ三尺」に葺くなど[15]、むしろ二次的被害の防止に意が注がれた。

関東大震災以前に撮影された番士休息所の写真をみると、三番台場・六番台場何れにおいても瓦葺になっているのがわかる[16]。しかし瓦葺の場合、被弾した際に瓦の破片が周囲に飛散し、守備兵を傷つける虞があった。写真の瓦屋根は、明治以降に葺替えられたものと思われる。三番台場に関していえば、台場址の内部に散乱する瓦片のほとんどが近代のプレス瓦で、江戸時代の黒瓦はごく少量しか見出されない。これは、幕末当時に瓦葺となっていた建物が限られていた（おそらく火薬庫のみだった）ことによるものと思われる。一方、「砲艦が一二ポンドの砲弾を撃ち込めば、ただちに弱体な砲の中心部を破壊し、攻撃軍は御台場の奥深くに容易に進入することもできる[17]」という外国人の放言も

番士休息所
　屋根が瓦に葺き替えられている。

番士休息所から波止場を見通した写真
　右手に火薬庫が見える。

図Ⅲ－24　三番台場の番士休息所
　出典：前掲『品川台場』口絵。

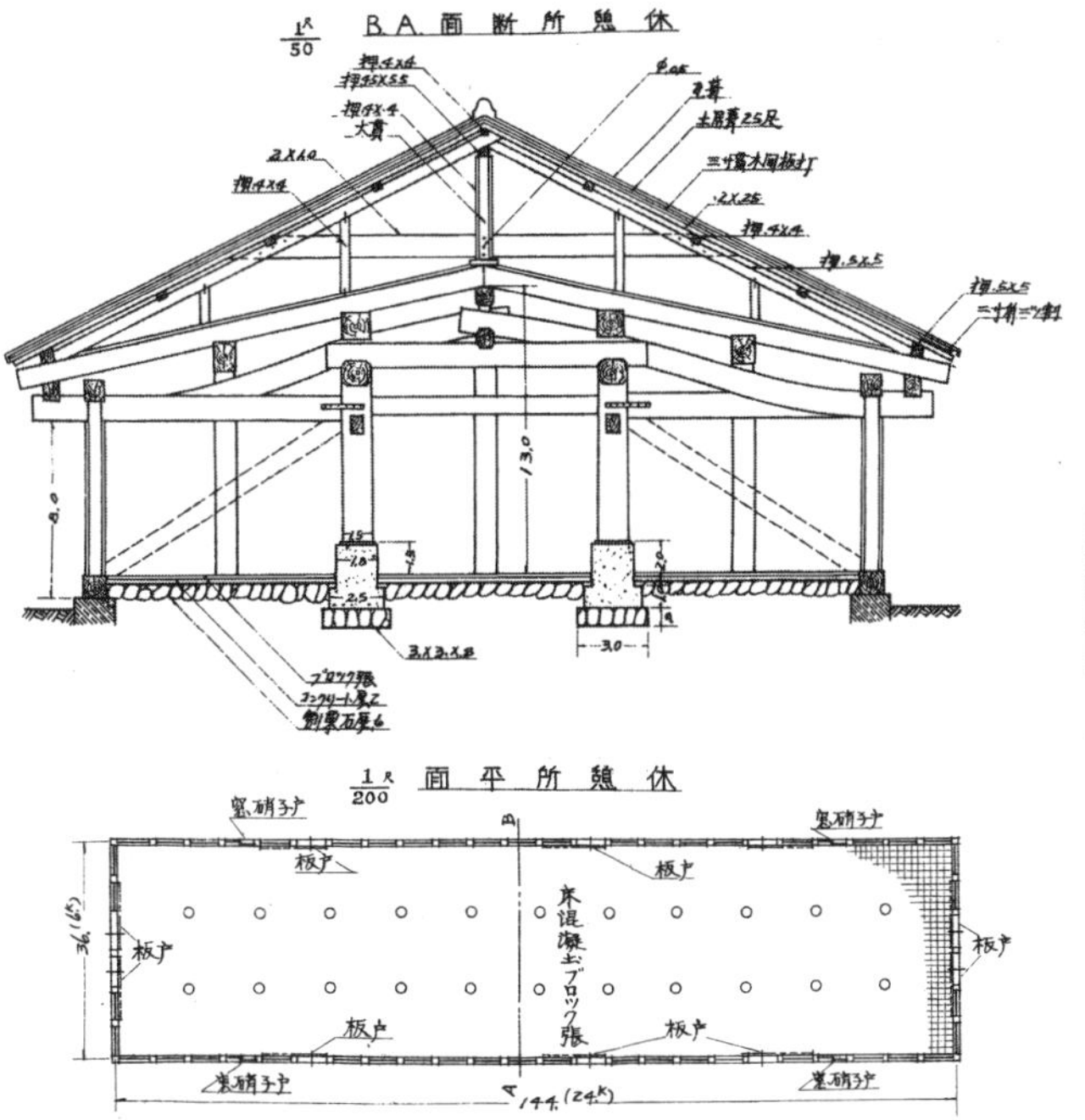

出典：前掲『品川台場』付図。

三番台場の番士休息所址
建物は既に取り壊されている。

図Ⅲ－25　番士休息所の構造

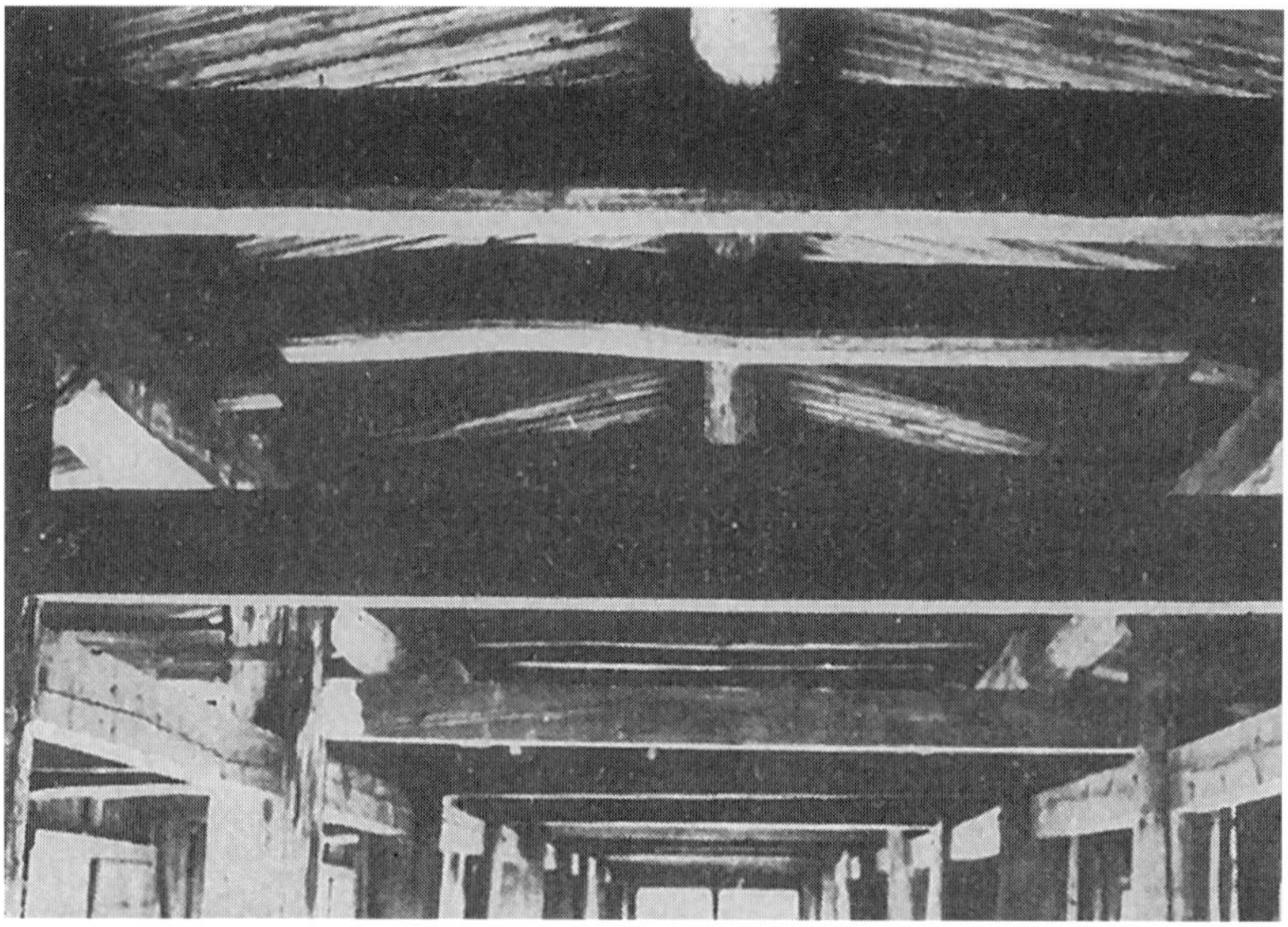

小屋組の一部

柱と梁の組み方と、床張

図Ⅲ－26　三番台場の番士休息所内部

出典：前掲『品川台場』口絵。

あるが、一二ポンド砲（主に野戦砲として用いられる軽量な火砲）の砲撃程度で破壊できるのは無人の番士休息所位であり、台場に決定的なダメージを与えることは不可能だった。

その他、守備にあたる士卒の生活と、前装式だった備砲の運用に不可欠とされたのは真水であり、一番台場は二カ所、二番・三番・五番・六番台場はそれぞれ一カ所ずつの井戸を備えていた。[18]しかし「井戸は海中埋立てのため掘っても塩水しか得られないので、陸から真水を補給した」[19]といわれる。

新鮮な真水でなければ直接的な健康被害をもたらす飲料水に関しては、樽に水を詰めて陸から台場へ舟で運んだものと思われるが、火砲の操作に用いる水はその量も多いため、台場内に掘られた井戸の水が使われたと考える方が自然であろう。前装式の火砲は、発砲後に次弾を装填する際、洗銃帚（Wisser）を水に浸し、砲腔を拭ってから弾薬を込めるという作業を繰り返す必要があった。発火演習は毎日行なわれていた訳ではないが、実施の際には多量の水が使われることとなり、そうした折に多少の塩分を含んでいることは承知の上で、台場の井戸水を用いたものと思われる。

品川台場に配備された青銅が、製造から一〇年を経ずして「腔面に砂地乃び傷の露出せるもの多き」[20]状態となったのは、塩分を含んだ井戸水で砲腔を拭ったことにより、急速に劣化が進行した結果とも考えられる。また、慶応年間に五番台場の警備に就いた佐倉藩が「鉄製の筒は使わない」[21]方針をとったのも、安政年間の砲身破裂事故を意識したというより、砲腔内の傷みが進んでいるのを確認したためであったと考えられる。

また台場に詰める士卒の日常生活で欠かせないものに、「雪隠」がある。何れの台場も、火薬庫を囲む土堤の外側にこれを設けており、一番・二番・六番台場は一カ所、三番・五番台場は二カ所となっていた。[22]反面、風呂に関する設備は確認できず、水の補給という問題もあって、台場での勤務中に入浴はできなかったものと思われる。

（4）交通施設

各台場の背面には、両側が石垣となった通路があり、その外側に波止場が設けられていた。通路の幅は、パステウルの築城事典を参考に四メートルとなっており、[23] 柵門はこの通路の奥まった所にあった。台場は軍事施設であるから、人員の出入を柵門の開閉によって制限していた。また柵門を入るとすぐに番所があり、任務に就く者・交代で台場から離れる者を厳重にチェックした。番所の横には、槍や三ツ道具（突棒《つくぼう》・刺又《さすまた》・袖搦《そでがらみ》）が備えられ、関所のような施設となっていた様子が窺える。

台場への交通は舟を利用するほかなく、人員の出入にあたって、波止場は不可欠の施設だった。現存する絵図によると、波止場は切石を組んで造った三間（五・四六メートル）四方の台状に描かれているが、[24]「長さ一六メートル、幅四メートル程の便利な石造の突堤」[25]だったとする記事もある。三番台場の遺構は、表面にコンクリートが打たれて原形を失っているが、海側に延びた部分の基部には切石が使われており、幕末当時既にこうした細長い桟橋状の構造となっていた可能性も考慮する必要があろう（図Ⅲ－27）。

六番台場には、切石を組んで造った台状の波止場址が残されており、その形状は『陸軍歴史　上巻』に収載された一番・二番台場の図に描かれているもの（図Ⅲ－16参照）と類似している（図Ⅲ－28）。

さらに品川台場には、安政二～三（一八五五～五六）年にかけて、後述するスクーネル（Schooner）型帆船一二隻が、砲艦として配備された。それらの乗員も、各々が所属する台場との連絡や往来には小舟を用い、波止場を使って出入した。

切石を組んだ波止場と柵門
　出典：前掲『品川台場』口絵。

波止場と出入口の現状
　柵門は既にない。

図Ⅲ－27　三番台場の波止場と柵門

出入口両側の石垣

波止場址に残る切石の石組み

図Ⅲ－28　六番台場の波止場と通路

註

（1）Engelberts, J. M. : *Proeve eener verhandling over de kustverdediging* (Gravenhage : Erven Doorman, 1839), p. 49.
（2）勝安房編『陸軍歴史　上巻』（陸軍省、一八八九年）、「巻一〇」九四〜一〇二頁。
（3）同右、「巻一〇」付図。
（4）駒井鋼之助『かわら日本史』（雄山閣、一九八一年）一七二頁。
（5）前掲『陸軍歴史　上巻』、「巻一〇」九四〜一〇二頁。
竣工した台場の全てに、一二ポンドカノンが配備されていたにもかかわらず、同史料には三番台場の分（一門につき榴弾・鉄葉弾各二〇〇発ずつ）しか記載されていない。また、佐賀製の三六ポンドカノンは、この史料が成立した時点で到着していなかったらしく、同砲の砲弾についても未記載である。
（6）一番・二番台場は「御台場絵図」（東京都公文書館蔵）、三番台場については実査、五番台場は「江戸品川台場之絵図」（鶴岡市郷土資料館蔵）、六番台場は実査と「第六砲台実側図」（東京市保健局公園課『品川台場』東京市、一九二七年、付図）による。
炸薬を充填して装薬を付した砲弾については、「榴弾仕込弾は小出庫に有之凡四十発位有之」との記録があり、玉薬置所一基につき四〇発程の弾薬が格納されていたことを窺わせる（秀島成忠『佐賀藩海軍史』知新会、一九一七年、三〇五頁）。
（7）前掲『陸軍歴史　上巻』、「巻一〇」九四〜一〇二頁。
（8）「火薬庫絵図」（東京都立中央図書館蔵）。
（9）「六番御台場破裂之絵図」（港区立みなと図書館蔵）。
（10）Pel, C. M. H. : *Handleiding tot de kennis der versterkingskunst* (Hertogenbosch : Gebroders Muller,1852), p5.
台場の備筒は「雷銃八匁玉」とされており、点火に雷管を用いるゲベールだったことが知られる（前掲『佐賀藩海軍史』三〇五頁）。
（11）前掲「御台場絵図」。
（12）韮山町史編纂委員会『韮山町史　第六巻下』（韮山町史刊行委員会、一九九四年）六二一頁。
（13）佐倉市史編さん委員会『佐倉市史　巻二』（佐倉市、一九七三年）六七一頁。

（14）前掲『陸軍歴史　上巻』、「巻一〇」付図。

（15）「五御台場番士休息所」（鶴岡市郷土資料館蔵）。
「異国船渡来・第六台場一件留」（品川区立品川歴史館蔵）所載の図でも、「屯所（番士休息所）」の屋根は茅葺きとなっている。

嘉永七（一八五四）年十二月二十六日に一番と三番台場を検分した佐賀藩士田口忠蔵は、詰小屋（番士休息所）の屋根について、「葺厚サ三尺其上芝植立相成厚サ五六寸位」と記している（前掲『佐賀藩海軍史』三〇七頁）。

（16）前掲『品川台場』口絵写真四・六。

（17）R・ヴェルナー著（金森誠也・安藤勉訳）『エルベ号艦長幕末記』（新人物往来社、一九九〇年）四四～四五頁。

（18）前掲「御台場絵図」。

（19）浄法寺朝美『日本城郭史』（原書房、一九七一年）一三頁。

（20）工学会『明治工業史　火兵・鉄鋼篇』（工学会、一九二九年）四〇頁。

（21）前掲『佐倉市史　巻二』六七一頁。

（22）一番台場については「品川壹ノ御台場松平大和守殿御預」（三春町歴史民俗資料館蔵）、その他は、前掲『陸軍歴史　上巻』、「巻一〇」付図による。

（23）Pasteur, J. D. : *Handboek voor de officieren van het korps Ingenieurs, Mineurs en Sappeurs*, Tweede deel (Zutphen : H. C. A. Thiem, 1838), p. 351.

（24）「壱弐三御台場後面入口波止場絵図」（東京都立中央図書館蔵）。

（25）前掲『エルベ号艦長幕末記』四四頁。

三、海上と沿岸の防禦態勢

品川台場の建設にあたり、江川太郎左衛門は「御軍船御製作無之候ては、誠に窮屈のものに相成、沖も十分御全備とは難申上候」[1]という形で、海堡と砲艦を連携させた防禦態勢の必要を説いていた。この砲艦については、安政大地震で搭乗艦を失ったロシア使節から、代艦建造の過程で洋式帆船に関する情報を入手し、伊豆の戸田村で「君沢型」ないし「韮山型」と称するスクーネル型帆船を建造して品川台場へ配備した。

徳川幕府は、江戸湾内海の防備を固めるにあたって、品川沖に新設した海堡の列と、江戸市街部沿岸の台場を連携させた、二線防禦態勢とする構想をもっていた。[2]しかし品川台場の建設は、五基の竣工を以て打ち切られたため、当初計画されていた海上防禦線は、その半分を未着工のまま残す形となった。

日本国内における尊王攘夷運動の激化に伴い、西欧列強による対日軍事行動が懸念されるようになった文久三(一八六三)年、江戸湾内海の防備が改めて見直された。その際、未完成のまま放置されていた四番・七番台場を竣工させることと併せて、沿岸部へ洋式砲を備えた台場を建設することが計画された。

ここでは、品川台場と連携して機能する砲艦や沿岸台場に関しての検証を行ないつつ、江戸湾内海における二線防禦態勢の意義について考察する。

（1）砲艦の配備

江川太郎左衛門は品川沖に海堡を建設するにあたって、「台場の助け」となるべき「御軍船御製造之儀当節の御急務」とし、オランダから「御取寄の船を手本」に、これを「御打建相成候」ことを上申していた[3]。ここで建造が計画されたのは、「カノネールボート（Kanonneerboot）」すなわち砲艦であり、軍用の艦艇としては小型のものだった。

この砲艦の「手本」となる情報は、結果的にオランダからではなくロシアからもたらされた。安政元（一八五四）年十一月、開国交渉のため来日していたロシア使節プチャーチン（Путятин）らは、下田で安政大地震に遭遇し、搭乗していた「ディアナ号」を失った。江川太郎左衛門らは、代艦建造を伊豆戸田村で行なう許可を幕府から得ると、「ディアナ号」乗員（特に造船技術をもつ者）の指導を受けながら、洋式帆船の建造に着手した。

設計に際して参考となったのはロシア人の所持していた『海事集録』（一八四九年第一号）という雑誌で、そこに掲載されたベッサラプスキーの「帆船の経験」と題する論文の付図に拠って、図面が引かれた。この付図は、クロンシュタット港の司令官用ヨットである「オープイト号」のもので、全長六九フィート・幅二一フィート・総トン数七五トンのスクーネル型帆船だった[4]。

戸田村で建造されたスクーネル型帆船は「ヘダ号」と呼ばれ、全長八一尺一寸・幅二三尺二寸・深水九尺九寸・積荷量四〇〇石のものだったといわれる[5]。安政二（一八五五）年三月に竣工し、プチャーチンらロシア使節の一部はこれに乗って帰国の途に就いた。因みにスクーネル型とは、二本ないし三本のマストをもち、全ての帆を縦帆とした帆船である。「ヘダ号」は、原形となった「オープイト号」に倣って、二本マストだった（図Ⅲ－29）。

図Ⅲ－29 「ヘダ号」の模型（戸田造船資料博物館蔵）
※品川台場に配備された砲艦「君沢型」は、これとほぼ同型のスクーネル型帆船だった。

安政二年五月、幕府はこれと同型のスクーネル型帆船三隻を戸田村で建造することを、江川太郎左衛門に命じた。続いて八月には、さらに三隻の建造が下令された。これら六隻のスクーネル型帆船は「君沢型」と呼ばれ、同年十一月に竣工したのち、直ちに品川沖へ回航されている。(6) なお、「君沢型」を「拾貳間御船」(7)とした史料が存在することから、全長八一尺余の「ヘダ号」よりも小型で「何らかの技術的工夫が加えられたもの」(8)とみる意見もあるが、俄かに首肯し難い。

「ヘダ号」の全長については「長サ拾弐間余」で、へさきの方に「ヤリ出」という九尺余の矢帆が取り付けられていた旨の記録がある。(9) 八一尺一寸という全長は、船体の長さ七二尺(一二間)に矢帆の九尺を加算した数字だったとみる方が自然で、「君沢型」とほぼ同型のものと考えられる。

「君沢型」は砲艦として建造されたものであったが、肝心の搭載砲に関する記録は残されていない。同型の「ヘダ号」には砲門を仕立てなかったが、本来の仕様では「一体片側四門宛、両側へ八門相仕立て、ホーイッスル八挺据え付け相成」(10)ものだった旨の記録がある。諸元に従えば、品川沖に配備された「君沢型」の砲艦には、それぞれ八門ずつの火砲が装備されていたとみてよいだろう。

次いで安政三(一八五六)年十二月、幕府は「韮山型」と称する、より小型のスクーネル型帆船六隻の建造を再び江川太郎左衛門に命じた。「韮山型」は、全長六間・幅八尺五寸・深さ四尺八寸の二本マストのスクーネル型帆船で、(11)「君沢型」を小型化したものである。こうした吃水の浅い小型砲艦が新たに建造されることになったのは、品川台場周辺の水深が極度に浅いため、三メートルの吃水を有する「君沢型」では十分な機動性を発揮し切れなかったからであろう。

「韮山型」の武装は、へさき部分に短砲身の二四ポンドカノンないしボートホウイッツル(Boat Howitzer)を据え、ダ

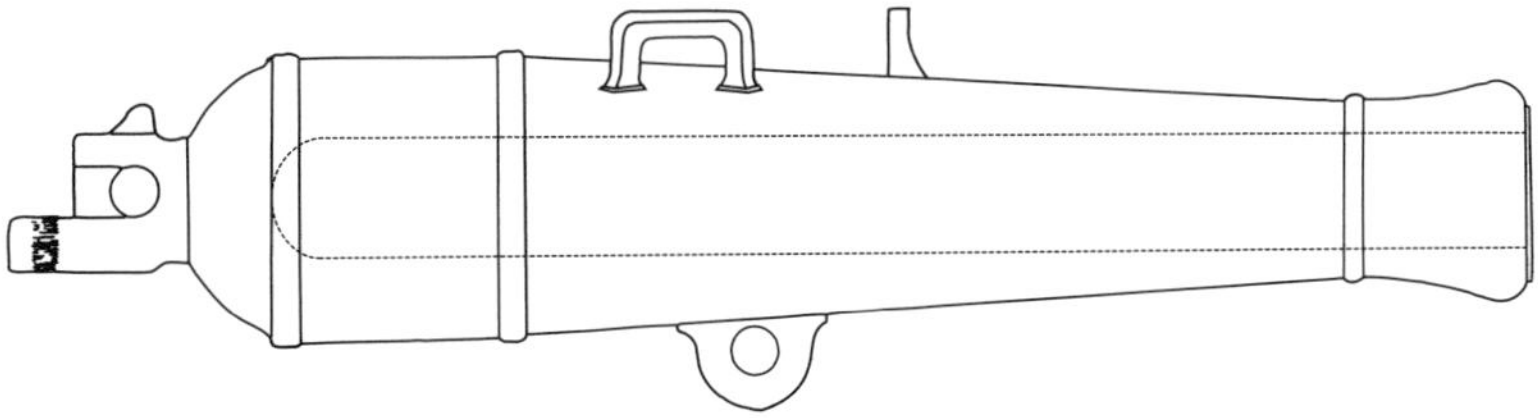

24 ポンド短カノン

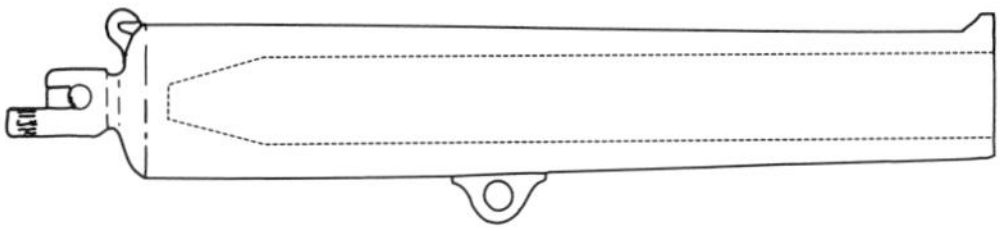

12 ポンドボートホウイッツル
「長沢家古文書史料 255 号」(大原美芳編『江川坦庵の砲術』自家版、1987 年、58 ～ 59 頁) に拠り作図。

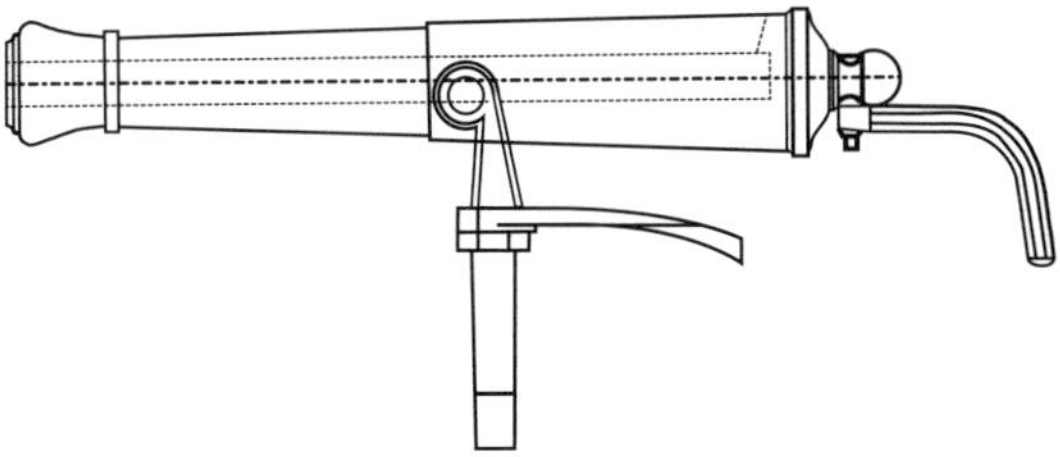

1 ポンドダライバス
Calten, J. N., *Leiddraad bij het onderrigt in de zee-artillerie* (Delft : B. Bruins, 1832), PL. II., Fig. 6 に拠り作図。

図Ⅲ－30　砲艦「韮山型」の備砲

ライバス（Draaibas）を補助的に装備するというものだった[12]。このうち、ボートホウイッツルとは、アメリカで一九四九年に完成された、手漕ぎの小型舟挺にも搭載可能な前装滑腔式の榴弾砲で、一二ポンドと二四ポンドの二種類があった[13]。始まったばかりのアメリカとの交流を背景に、いち早く持ち込まれた軍事情報の一例といえよう。ダライバスは、一ポンドの鋳鉄製実弾《すだま》を発射する対人用の小型砲で、甲板上に取り付けた支銃叉に載せて使用した。二四ポンドカノンとダライバスはオランダ式の火炮であった（図Ⅲ－30）。

安政五（一八五八）年に来日したイギリス使節が、品川台場の近くで見た「西欧式に建造されたいくつかの小型スクーナー船[14]」というのは、この「君沢型」ないし「韮山型」であろう。

（2）沿岸台場の整備

文久三（一八六三）年五月、軍艦操練所教授方小野友五郎は、望月大象と連名で内海防禦の再整備に関する上申を行なった。その内容は、①未完成のまま工事中止となっている四番・七番台場を竣工させること、②御殿山下台場の胸牆を「品川沖御台場之振合」に改修してそこに洋式砲を備えること、③「品川辺より築地辺ニ至迄」の沿岸へ一〇カ所の洋式台場を新規建設することが骨子となっていた[15]。

その背景には、外国人殺傷や公使館襲撃といった攘夷運動の急進化に対して、西欧列強の対日外交姿勢が硬化し、とりわけイギリスによる武力制裁の発動が危惧されていたという、国際事情があった。実際にイギリスは、日本に対する武力封鎖計画を立案したり[16]、生麦事件を起こした薩摩藩との緊張関係を深めるなど、砲艦外交へと連なる強硬姿勢を示しつつあった。

まず四番・七番台場についてみると、「品川沖壱番并三番御台場之応援之ため御取建可相成」との上申を容れて、文久三年末頃に着工の運びとなったが、普請を請負った永嶋庄兵衛らは、資金難のための工事を中断し、完成に至らずに終った。[17] それぞれの施工状況は、四番台場が石垣を半ば位まで積み上げるところまで進んだのに対し、七番台場は未だ埋め立て途中の段階だったといわれる。

また御殿山下台場は、江川文庫に残る絵図をみると、計画当初には台場の周辺に凸形の土堤をめぐらし、そこへ八カ所の砲門口を穿った和流の築城法で設計されていたことがわかる。[18] 文久期の改修では、この塁台部分の形状が大幅に変更され、砲座・胸牆・側牆から成る洋式の築城法に倣うものとなった。[19] このような御殿山下台場における塁台の改修を似て、「設計変更などは場当たり的に行なわれ、埋立てが行なわれながら、上部構造案の変更がなされた……試行錯誤の好例[20]」とする見解もあるが、もとよりこれは施工途中の品川台場で場あたり的な設計変更が行なわれたことを示すものではない。

塁台の改修後、御殿山下台場からは一二門の和筒（八掛筒）が撤去されて二本松藩屋敷台場へ転用となり、代わって八〇ポンドボムカノン三門と二四ポンドカノン七門が配置されることとなった。[21] また、残余の和筒もその一部が撤去され、新たに次に示すような洋式砲が加えられた。[22]

一五〇ポンドボムカノン　一門
八〇ポンドボムカノン　二門
五〇ポンドステーンモルチール　一門
二八ポンドカノン（淺川註。一八ポンドの誤り）　一門
二四ポンドカノン　一門

二九ドイムモルチール　　一門

なお、御殿山下台場はこの改修を経て、陸附四番台場と称されるようになった。これは、海堡として計画された本来の四番台場が、未完成のまま放置される結果となり、防御線の戦列に加わることなく終ったためであろう。

文久年間の沿岸防備強化に際し、幕末は「品川より越中島之海岸砲台」を、陸附四番台場の改修を含めて「都合拾壱ヶ所」整備する計画を立てていた[23]。これらの台場は、洋式築城術にもとづいて設計され、日本国内で倣製したオランダ式の前装滑腔砲が配備されることとなっていた。また幕府は、広島藩屋敷台場に二四ポンドカノン五門と二〇ドイムホウイッツル三門、二本松藩屋敷台場に前記した一二門の和筒を供与し[24]、沿岸防備にあたる諸藩の防禦力整備を促した。

新設台場のうち最も重視されたのが佃島台場で、品川台場の東側に生じた海上防禦線の空白を補塡する役割を担い、佃島南西の砂洲上に小型の海堡として建設された。同台場は最初「側面を内向きに屈折させて凹角を形づくった[25]」四菱の星形堡(Sterre schansen)として設計されたが[26]、施工段階で変更が加えられた結果、方形閉堡(Vierkante redoute)として竣工することとなった[27]。備砲は、二四ポンドカノン六門とステーンモルチール二門で[28]、品川台場の側面に迂回する敵艦を射程に収めた。

また、この佃島台場と連携して品川台場の東側面防禦にあたる役割をもって設計されたのが、越中島台場だった。同台場の平面プランは、リュネッテ(Lunette)の前部を切った突角堡で、正面・左右正面・左右側面から成る五面の射界を有していた。備砲として、二四ポンドカノン五門と一二ポンドカノン七門が配置される予定だったが[29]、台場の工事そのものが請負業者の資金難によって中断され、完成に至らずに終った[30](図Ⅲ－31)。

さらにそれとほぼ同型のプランをもつ突角堡が、大井村地先・品川妙国寺門前浦・品川寄木明神前・高輪八ツ山

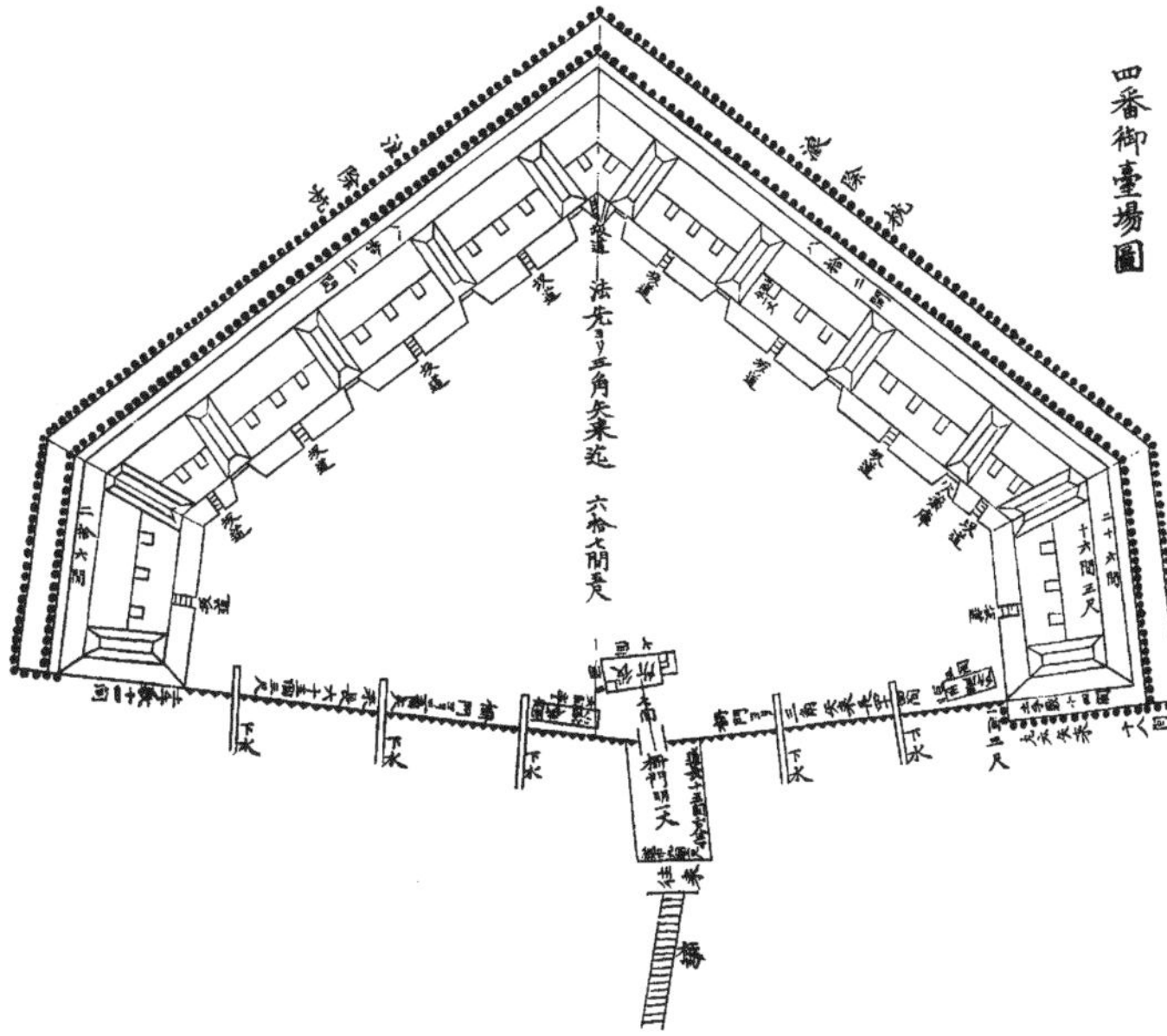

出典：前掲『陸軍歴史　上巻』、「巻10」付図。
※御殿山下台場の塁台を改修し、陸附四番台場と改称した。

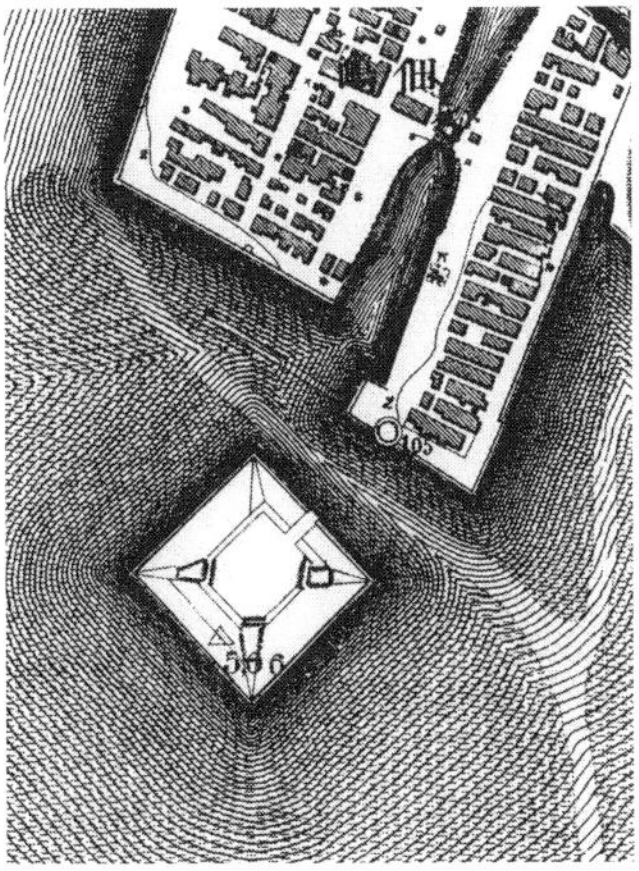

佃島台場

越中島台場（未完成）

図Ⅲ－31　文久期に改修ないし新設された台場
出典：「1/5000　東京南東部」（参謀本部陸軍部測量局、1887年）。

下・高輪如来寺前・芝田町地先の六カ所に建設される予定となっていた[31]。これらは、「連接して翼面之砲火十字形相成」るよう「八町目毎に軽便之大砲」を備えるというコンセプトにもとづき[32]、各台場それぞれに一八ポンドカノン二門、一二ポンドカノン六門、一五ドイムランゲホウイッツル二門を配置する計画となっていた[33]。なお、これら六基の台場については、完成に至ったのかどうか明らかでない。ただ興味深いのは、上申書に「周囲ニ浪除ケ之杭ヲ立攻兵障碍之用ニ相備度[34]」旨が示されていることから、品川台場に設けられた波除杭の用途が、敵の接近を阻止するための障害物だったことを確認できることであろう。

浜御庭内の台場は「中澪を真向ニ請肝要之地勢」に位置し、ここは「諸廻船も此船路を乗来候ニ付敵船も同様乗来へき義ニ候へは別而御厳重ニ御備無之候而は不相成御場所」とされていた[35]。台場の平面プランは、海に接した庭の隅角を利用してL字形の胸壁を設けたもので、二四ポンドカノン五門と二〇ドイムホウイッツル三門が配備された[36]。

明石町の台場も「中澪を真向ニ受候処ニ而地勢至而宜候」場所に位置し[37]、「東之方ニ曲折」った形でL字形の胸壁が設けられていた。備砲は浜御庭内台場と同様、二四ポンドカノン五門と二〇ドイムホウイッツル三門であった[38]。

これら一〇基の新設台場は、同じ海岸線に藩邸をもつ薩摩藩・二本松藩・鳥取藩・福井藩・紀州藩・広島藩・土佐藩の台場と連携しながら、沿岸防備にあたる方針をとっていた。このため諸藩の台場にも洋式砲を備えることが奨励されたが、自藩の所有する火砲でこれに対応できたのは薩摩藩・鳥取藩・福井藩だけだった。

なお、幕府が新規に建設を計画した台場のうち、竣工したことが確認できるのは佃島・浜御庭内・明石町の三基で、越中島は未完成のままだったようである。また高輪から大井川にかけて計画された六基の台場については、施工状況が明らかでなく、竣工したのかどうかについても不明である。因みに、内海防備再編の背景となっていた西欧列強の軍事的圧力は、尊王攘夷運動が下火となった慶応元（一八六五）年以降、外交的に融和されていった。それに伴って、尨大な経費を必要とする台場の建設が消極化し、海堡となる四番・七番台場と、陸附の突角堡である越中島台場の工事は、施工途中で中止されてしまったものと考えられる（図Ⅲ－32）。

品川台場の構成する海堡列を中心とした江戸湾内海の防禦態勢について、砲艦の配備や沿岸台場との連携が必要不可欠であることは、幕府側でも十分認識していた。このうち砲艦に関しては、安政年間に「君沢型」ないし「韮山型」と称する和製洋式のスクーネル型帆船一二隻が配備され、一応の海上戦力を構成した。ただしこれらの砲艦は、あくまで「台場の助け」という役割の中で建造されたものであり、海軍としての規模や編制をもつものではなかった。

海防における海軍力の必要性について、江川太郎左衛門は品川台場の計画段階で、「実ニ無之候ては、御備相立不申候(39)」旨の上申を行なっていた。また文久年間に内海防備の再編を上申した小野友五郎も、「大小軍艦も有之御台場と応援いたし候者勿論敵艦を追駈可申右御軍艦ニ而御国達境迄防禦御備被為在候程ニ候ハ、御勝算と申御場合ニ相成可申奉存候(40)」と述べ、軍艦建造が急務であることを説いていた。

品川台場の建設が、直接的に幕府の海軍力整備と連携することはなかったが、江戸湾内海すなわち政権所在地の防衛という巨大プロジェクトを通じて、海軍力の必要性を要路にアピールし得たことは、一定の成果だったといえるだろう。

沿岸の防禦態勢については、諸藩がそれぞれの持ち場に台場を造り、自藩の所有する火砲を任意に配備するというのが、嘉永～安政期の基本方針だった。しかしこうした防禦方式では、内海に進入してくる敵艦の航路を予測し、沿岸台場相互あるいは沿岸台場と海堡それぞれが、組織的な火力運用を行なってこれを撃退することは難しかった。

小野友五郎の上申は、こうした防禦上の欠陥を是正するために、洋式砲を備え相互に援護し合うように配列した台場を幕府が新設し、沿岸防禦態勢の再編を図ろうとしたものであった。文久期の沿岸台場建設は、こうした基本方針

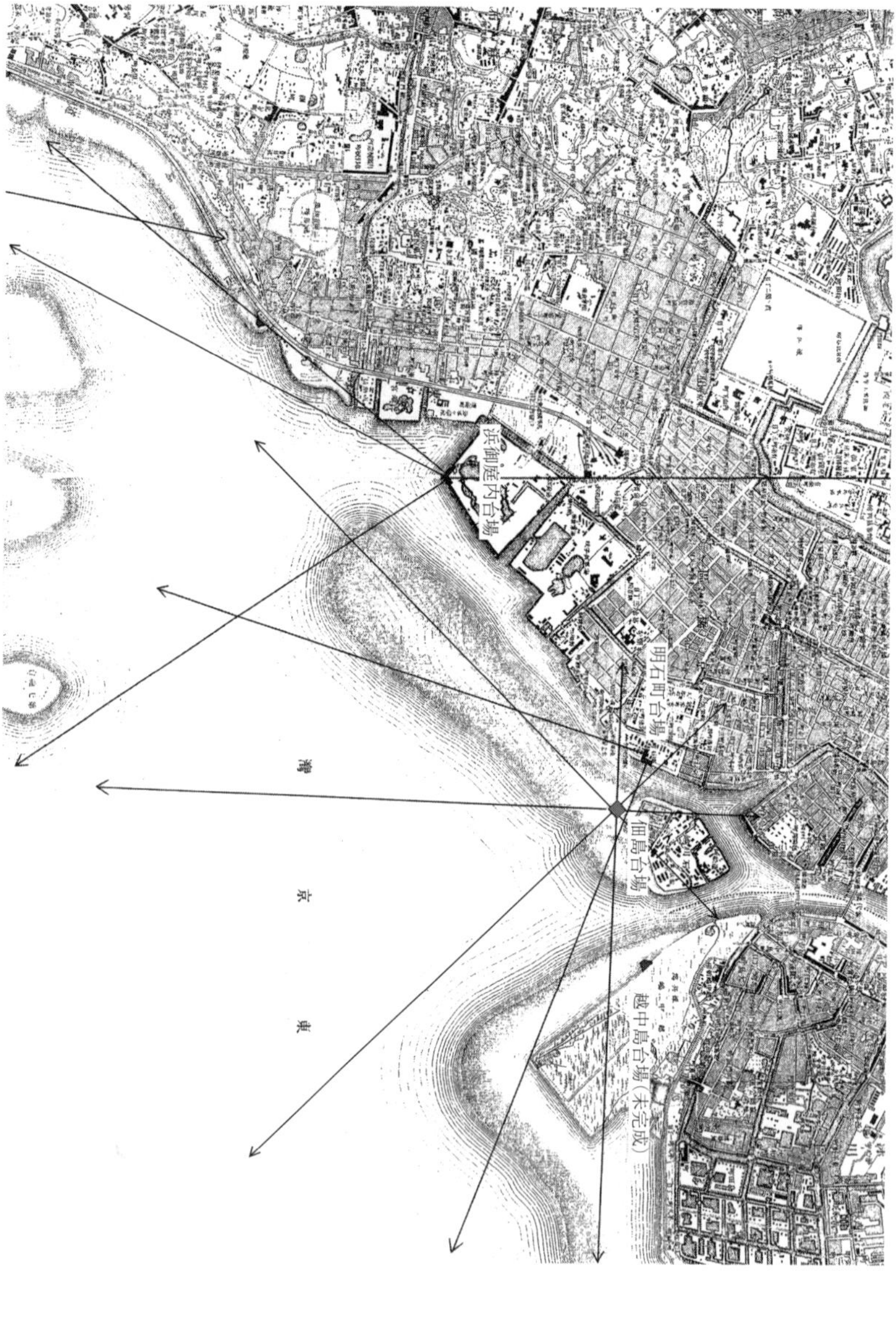
浜御庭内台場
明石町台場
佃島台場
越中島台場（未完成）
東京湾

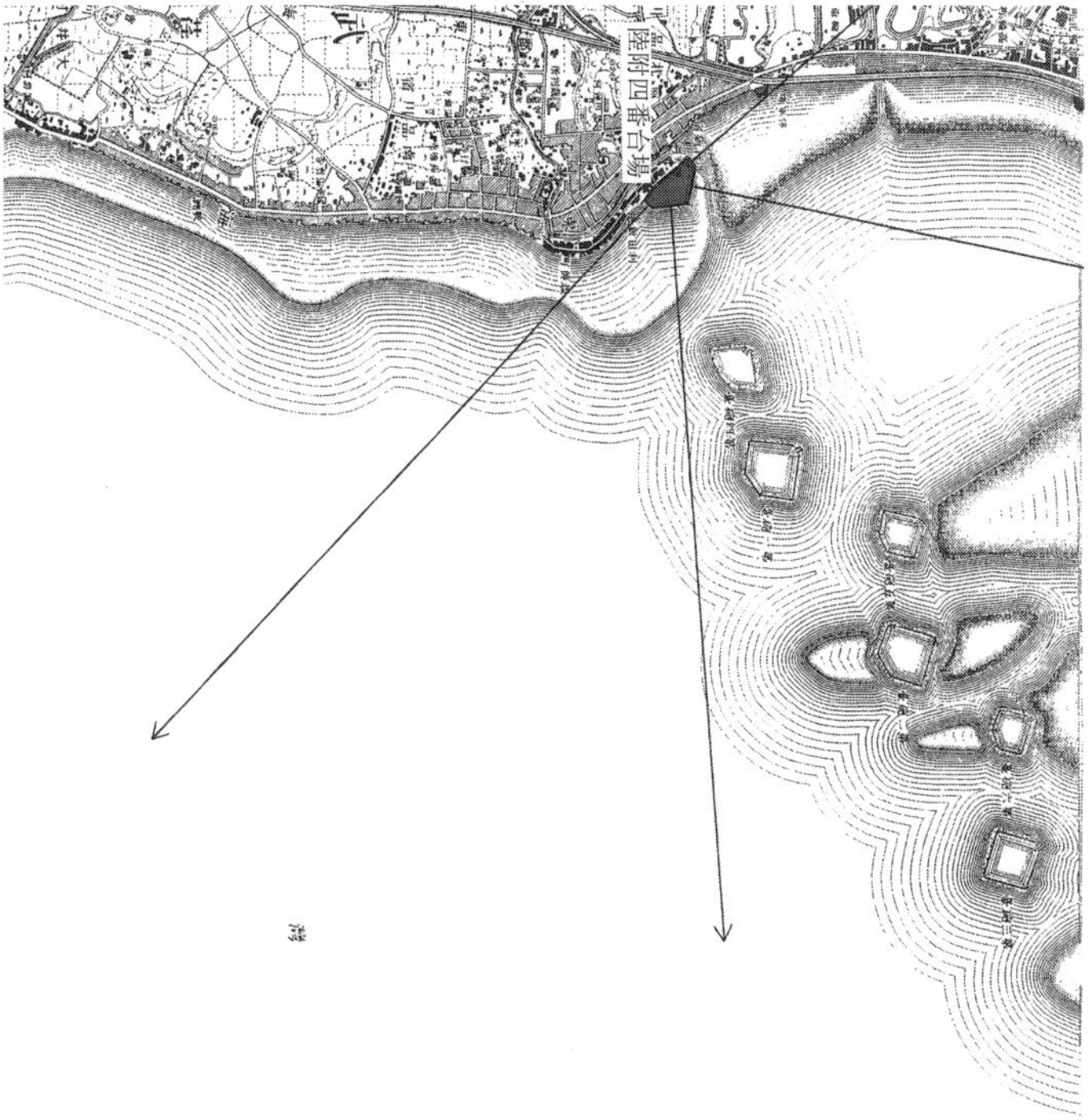

図Ⅲ－32　沿岸台場の火力構成
「1/20000　迅速図　品川駅・麹町区」（陸地測量部、1890年）に加筆。
※竣工を確認できる、佃島・明石町・浜御庭内と、陸附四番台場（改修）の4基について記入。

にもとづき、洋式の築城術を導入する形で進められた。

海堡と沿岸台場とが連携した江戸湾内海における二線防禦は、この文久期における沿岸防備の再構築により、ようやく整備されつつあったものといえるだろう。

註

（1）東京市保健局公園課『品川台場』（東京市、一九二七年）二六頁。
（2）原剛『幕末海防史の研究』（名著出版、一九八八年）一三五頁。
（3）前掲『品川台場』二五頁。
（4）戸田村文化財専門委員会『ヘダ号の建造』（戸田村教育委員会、一九七九年）一〇六頁。
（5）戸田村教育委員会『戸田村に於ける露艦建造』（戸田村教育委員会、刊年不記）一二頁。
（6）「戸田村に於てスクーネル船製造の達」（戸羽山瀚『江川坦庵全集　下』巌南堂、一九七九年）一九二〜一九七頁。
（7）同右、一九五頁。
（8）韮山町編纂委員会『韮山町史　第一一巻』（韮山町史刊行委員会、一九九六年）五八三頁。
（9）森義男『プチャーチンと下田』（下田史談会、一九七七年）二〇九頁。
（10）同右、二一〇頁。
（11）前掲『江川坦庵全集　下』二〇四頁。
（12）同右、二〇七〜二〇八頁。
（13）Dahlgren, J. A. : *Boat Arament of the U.S.Navy* (Philadelphia : King & Baird, 1856), pp. 13-15.
（14）Oliphant, L. : *Narrative of the Earl of Elgin's Mission to China and Japan in the Years 1857, '58, '59*, vol. II (London : William Blackwood and Sons , 1860), p.101.
（15）勝安房編『陸軍歴史　上巻』（陸軍省、一八八九年）、「巻一一」四六〜五三頁。
（16）石井孝「幕末に於ける英国海軍の日本沿岸封鎖計画（上・下）」（『歴史地理』第七六巻第一・二号、一九四〇年七・八月）を参照。

(17) 前掲『幕末海防史の研究』五五頁。
(18)「松平土佐守抱屋敷外砲台築造絵図」（江川文庫蔵）。
(19) 前掲『陸軍歴史　上巻』、「巻一〇」付図。
(20) 仲田正之『韮山代官江川氏の研究』（吉川弘文館、一九九八年）五八七頁。
(21) 前掲『陸軍歴史　上巻』、「巻一二」七頁。
(22) 同右、「巻一二」四頁。
(23) 同右、「巻一二」二〇頁。
(24) 同右、「巻一二」七頁。
(25) Pel, C. H. M. : *Handleiding tot de kennis der versterkingskunst* (Hertogenbosch:Gebroders Miller,1853), p. 35.
(26)「佃島炮台絵図」（東京都立中央図書館蔵）。
(27)『1/5000　東京南東部』（参謀本部陸軍部測量局、一八八七年）。
(28) 前掲『陸軍歴史　上巻』、「巻一二」七頁。
(29) 同右、「巻一二」七頁。
(30) 前掲『幕末海防史の研究』五五頁。
(31) 前掲『陸軍歴史　上巻』、「巻一二」二一～二三頁。
(32) 同右、「巻一一」四七頁。
(33) 同右、「巻一二」七頁。
(34) 同右、「巻一一」四七頁。
(35) 同右、「巻一一」四九頁。
(36) 同右、「巻一二」七頁。
(37) 同右、「巻一一」五〇頁。
(38) 同右、「巻一二」七頁。
(39) 前掲『韮山町史　第六巻下』六一五頁。
(40) 前掲『陸軍歴史　上巻』、「巻一一」五二～五三頁。

結び

品川台場は、海防という目的にもとづいて築かれた軍事施設であり、その本来的な役割は砲台として機能することにあった。こうした視点に立ち、本書では品川台場が建設された当時の軍事技術を踏まえつつ、その意義を改めて評価することを優先課題とした。一般に、過去の軍事遺産を評価するにあたっては、それが設計・建設された時点のリアルタイムの軍事技術を基準とする必要がある。品川台場についてみれば、一八五〇年代における前装滑腔砲段階の技術に対応して建設された海堡であったことを、評価基準としなければならないと思われる。

それでは以下に、(1)西洋築城術の影響、(2)軍事技術にもとづく評価、(3)防衛計画からみた評価、という形で本書の要点を整理しておきたい。また、現存する三番・六番台場についての保存と公開の在り方に関し、(4)軍事遺跡としての現状と課題、という形で私見を述べたい。

(1) 西洋築城術の影響

土木遺産としての品川台場に関する既往研究は、石垣普請を中心とした在来の築城術にかかわる分野で、所定の成果をあげてきた。しかし、その一方で西洋式の海堡という一般認識がもたれているにもかかわらず、台場の平面プラン・配列・諸施設の構造について、西洋築城術がどのような形で反映されているのかは具体的に説明されてこなかった。

これは、江川太郎左衛門らが品川台場建設にあたって参考としたオランダ築城書について、既出の「台場築造に用いた西洋書籍」と称する史料が古くから知られていたにもかかわらず、[1]そこに記された個々の蘭書の内容を検証するという作業が、ほとんど行なわれてこなかったことによるものといえる。

本書においては、この史料の中に書名の見えるオランダ築城書の原書を検索すると共に、その内容を具体的に検証し、日本側の文書・図画と照応する部分を摘出することに努めた。これによって明らかにし得た点を要約的にまとめると、次のようになる。

① 品川台場の平面プランについては、サハルト（Savart, N.）の築城書と、パステウル（Pasteur, J. D.）の築城事典を参照しながら、四周に広い射界をもつレドウテン（Redouten）が採用されたものと考えられる。

② 品川台場の配列は、サハルトの築城書に掲載された模式図を参考に決定されたものと推定され、複数のレドウテンが相互に火力をカバーし合う、「間隔連堡」（De linien met tusschenruimte）の形状となっている。

③ 台場の相互間隔や建設位置は、オランダ砲術書から得た前装滑腔砲の性能に関する知識をもとに決定したものと考えられる。

④ 品川台場の塁台部分は、エンゲルベルツ（Engelberts, J. M.）の築城書に収載された図に依拠して設計されたものと考えられる。

⑤ 石垣普請については、在来の築城術によるものがほとんどで、上部に「刎出」を有すること以外、工法などに関して西洋築城術の影響は認められない。

⑥ 台場の内部施設は、その構造や役割に関し、エンゲルベルツおよびペル（Pel, C. H. M.）の築城書を参考に造られたものと推定される。ただし施工にあたっては、日本の在来技術が用いられている。

（2）軍事技術にもとづく評価

品川台場に対する後世の評価は、①ペリーの再来という当初予定されていた竣工期限までに台場が完成しなかったこと、②海上に防禦線を構成する「間隔連堡」が計画半ばで建設中止となったこと、③一八六〇年代に前装施条砲が普及し、建設後程なくして台場の構造や備砲が急速に旧式化したこと、といった諸事情があいまって、必ずしも肯定的でない面が強い。

勝海舟による、「此海堡ヲ築キ一帯沿岸ヲ遮蔽シ以テ府下百万生霊ヲ捍禦スルトナシ以テ人心ヲ鎮撫セント謀リシハ亦一時ノ権道ニ外ナラサルカ如シ(2)」というコメントは、品川台場のみならず、徳川幕府による江戸湾防衛それ自体を評価するにあたっての、ネガティヴな面での裏付けとなってきた嫌いがある。

また、品川台場のもつ砲台としての機能を考察するにあたっても、幕末の日本にもたらされたオランダ砲術書ないしその邦訳本の内容を十分検討せず、「火砲の射程（われの有効射程は一〇〇間といわれた）および弾丸の威力に相当の差が認められ、発射速度もわれの前装砲では、彼の後装砲に劣る(3)」などという、事実と整合しない解説を鵜呑みにしてきた傾向があることは否めない。

そもそも品川台場は、一八五〇年代における西洋築城術の一般水準に倣って設計・建設された、和製洋式の海堡である。このため台場の構造や配列は、当時の西欧列強が標準装備していた、前装滑腔砲段階の軍事技術に対応するものとなっていた。さらに江戸湾内海の防禦計画も、こうした段階の戦法にもとづいて策定されており、各台場には等時の技術水準に添った前装滑腔式の洋式砲が据え付けられた。

ここで注目すべきことは、西欧列強との交流が限定的だった鎖国体制下において、オランダから輸入された築城書や砲術書だけを頼りに、限られた期間で西洋式の海堡を建設し得たという事実であろう。またそこに据え付けられた火砲についても、オランダ式の前装滑腔砲を日本国内で倣製することで賄う、という方針が貫かれていた点を看過できない。ただし海堡建設においては在来の築城技術が、また備砲の製作にあたっても在来の鋳造技術が駆使されており、その意味で品川台場は和製洋式の水準にとどまるものであったといえる。

さて、一八五〇年代の西欧列強の軍隊に標準装備されていた前装滑腔砲は、砲口から球形砲弾を込める方式の火砲で、弾薬の装填に時間がかかるものだった。また砲腔内に旋条（ライフル）が施されていないため、砲弾の命中精度や射程距離に一定の限界があり、前装滑腔砲の運用にあたっては、密度の高い放列を組むことが必然とされた。

品川台場における備砲の配置や、「間隔連堡」を形づくる各台場間の相互距離は、こうした条件を踏まえて決められたものであった。因みに、その対処基準とされたアメリカのペリー艦隊も、艦載砲の全てが前装滑腔砲であり、射程距離・弾丸効力・発射速度といった火砲それ自体の性能については、日本側のもつ洋式火砲と比較して大差なかった（表Ⅰ－2を参照）。こうした点からみて、品川台場は少なくともそれが建設された嘉永・安政期においては、西欧列強の軍事技術に追随した水準をもつ海堡であったといえるだろう。

(3) 防禦計画からみた評価

品川台場の建設にあたって徳川幕府が立案した江戸湾内海の防備計画は、品川沖に築いた海堡列を第一線、沿岸の台場を第二線とする「二線防禦態勢」[4]を基準としており、その要締は、遠浅の内海に進入して来る吃水の浅い小型の砲艦による攻撃から、江戸市街部を防衛する点にあった。品川台場の立地条件は、こうした防禦態勢をとるのに適しており、当時の軍事技術から考えても、「海防の理に適[5]」うものであったといえる。

すなわち、品川台場の周辺地形は、前方約四キロメートルにわたって水深五メートル以内の遠浅の状態が続き、大型の軍艦がその艦載砲を行使できる距離まで進入することを妨げていた。ペリー艦隊を構成する各艦を例にとっても、全ての艦が五メートル以上の吃水を有しており、品川台場に対し直接艦砲射撃を行なうことは不可能だった。このため、品川台場ないし江戸市街部への攻撃を強行しようとすれば、吃水の浅い砲艦が大型艦からの支援砲撃なしでこれを担当する以外、方法がなかったのである。

当時の砲艦は、主として二四ポンド以下のホウイッツル（榴弾砲）を装備した小型の戦闘用艦挺で、機動性に優れていたが、大型砲を搭載することは困難であり、火砲の搭載数もあまり多くなかった。また、品川台場のような永久築城された海堡との砲戦を想定した場合、威力の大きい大口径のカノン（加農砲）を使わなければ、台場に対して決定的なダメージを与えることは難しく、砲艦による攻撃の効果は必ずしも高いものとはいえなかった。

こうした条件に照らして、江戸湾内海における列強の軍事行動を考えると、砲艦が海堡すなわち品川台場との直接的な砲戦を回避し、これを迂回する形で江戸市街部への攻撃を実施するであろうことが予想された。その場合の備えとして沿岸台場を整備し、品川台場の背面に配備された火力と連携する形でこれを夾撃し得る態勢がとられることとなった。さらに「君沢型」ないし「韮山型」と称する小型のスクーネル型帆船一二隻も、台場附の砲艦として配備されており、敵艦艇の内海進入を阻止する役割を担った。

内海防禦の第二線となる沿岸台場について、嘉永〜安政期には守備にあたる諸藩が各々の持ち場へ個別に台場を造り、自前の火砲をそこに配置するという方針がとられていた。これらの台場のほとんどは、和流の築城法にもとづいて普請されたもので、備砲もその多くが和筒だった。また、各台場が相互に連携しながら火力を運用するという認識は低く、近代的な砲戦への対応力自体に限界があった。

沿岸台場の再構築が図られるのは、文久年間に入ってからであり、洋式築城法にもとづく新規の台場建設が、幕府主導の下で進められてゆく。品川台場と連携した江戸湾内海の二線防禦は、この時期に至ってようやく実質を備え始めたといえるが、折からの軍事技術の変化の中で、急速な旧式化を迎えることになった。

一八六〇年代に入って、欧米列強の軍隊では、前装施条砲が標準装備されるようになり、戦法や築城法が大きく変わりはじめた。施条砲とは、砲腔内に彫られた螺旋の溝へ、弾殻表面に付した鉛鋲や鉛帯（銅製のものもあった）を吻合させることにより、発射時の砲弾へ旋動を与え、安定した弾道を得る機能をもった火砲である。さらに尖頭弾を使用することでジャイロ効果が高まり、命中精度や射程距離が著しく向上した。このため密集した火砲の放列を敷くことの必然が低下し、個々に拠点化する台場の構造は次第に多機能なものとなって、その配置もより疎開間隔を広げた形に変化していった。

品川台場は、明治維新を迎えるまでおよそ一五年間にわたり、江戸湾内海の備えとして存続した。台場の警備は、幕府から選任された藩が随時交代する形で行ない、その数は二〇藩に及んだ。この間、台場の修理・改修や損耗した備砲の交換などは実施されたが、前装滑腔砲を前装施条砲に更新するという措置はとられなかった。薩英戦争や馬関戦争を経た一八六〇年代半ばには、前装滑腔砲段階の軍事技術に対応して造られた品川台場は、明らかに旧式化していたといえる。

しかし同時期、地の利に支えられる形で品川台場は一定の抑止効果を持続させていた。このことは、折から対日軍事行動を検討していたイギリス海軍が、江戸を攻撃することについて、「それを取り囲む浅い海から海軍が近づくことはほとんどできない[6]」としながら、「江戸それ自身を防衛している要塞へ攻撃をおこなうには、清国の軍港にある全ての砲艦と、出来るだけ多くの重装備の艦船を動員する必要がある……江戸の要塞に攻撃を加えることは、多大の損害を伴う仕事になるだろう[7]」と分析していたことからも裏付けられよう。

もともと品川台場は、守勢に重点を置いた幕末の海防思想を反映し、江戸湾内海へ進入してきた外国船の武力行動を抑止するための軍事的脅威であることに、その意義があった。品川台場は、竣工から廃止に至るまでの間、実際の軍事的能力を行使する機会を得ることはなかったが、「彼カ一弾ヲモ受ケスシテ平和ニ其局ヲ了[8]」えたことは、そこに与えられた本来の目的を全うしたものといえるだろう。

（4） 軍事遺跡としての現状と課題

現在、品川台場は三番と六番台場の二基を残すのみで、他は全て撤去されてしまった。一九二〇年代に撮影された品川台場の写真を本書の口絵に示したが、それをみるとこれらの台場が海上に設けられた堡塁すなわち海堡であったことが容易に理解されよう。今日、台場の周辺環境は東京湾の臨海開発により日々変化しているというのが実状で、

図Ｅ－１　三番台場の現状
石垣を含む外周の保存状態は良好だが、塁台上の側牆は全て失われ、胸牆の上部も削られている。

幕末当時の情景を偲ぶよすがはない。現存する二基の台場は、大正十五（一九二六）年に国指定史蹟へと指定されたことで撤去をまぬがれ、今日に至っている。このうち、現在陸続きとなっている三番台場は史蹟公園として公開されているが、六番台場は遺構保存のため、一般の立入が制限されていて、樹木に覆われた状況にある。

三番台場については、石垣を中心にその外周は比較的よく原形を保っているが、郭内の遺構の保存状態は必ずしも良好とはいえない。塁台をみると、側牆が全て除去されている上に、胸牆の上部が削られ、本来の砲台としての形状が失われている。また、公園化に伴って置かれたコンクリート製の砲架二基が砲座上に残されているが、これらは史的考証にもとづくものでなく、見学者への誤解を与えるおそれもあるため、撤去することが望ましい。台場の内部に建てられていた木造施設は全て失われ、持留土や井戸なども除去されている。一文字堤が軽うじて残存しているが、かなり崩壊が進んでいる。火薬庫址にある石のカマドは後世のもので、保存の必要性は低い。また、公園内に植えられた樹木も、台場の旧観を損なっており、適切に処分することが肝要と思われる。

崩壊寸前の玉薬置場

塁台上の遺構は次第に形状を失いつつある。

図Ｅ－２　六番台場の遺構

図Ｅ－３　六番台場の内部
繁茂した雑木に川鵜が巣をかけ、多量の糞が台場の内部で悪臭を放っている。

また三番台場を史蹟公園として保存・活用するにあたっては、十分な史実考証を踏まえた上で、構造物や建物を復元してゆくことも必要となろう。

これに対して六番台場は、「原形のまま原位置に保存する絶対的保存(9)」の対象とされ、遺構に手をつけないという方針がとられている。そのため石垣を含む台場の外形については保存状態が良く、波除杭の存在も確認される。しかし台場の郭内に立入ってみると、構造物の破壊が進行している様子がはっきりとわかる。さらに郭内に繁茂する雑木と、その雑木に巣をかけて群生する川鵜が、遺構の崩壊と汚染を助長している。

郭内に残存する遺構の多く（塁台・胸牆・側牆など）は、関東ロームを搗き固めて造ったものであり、樹木の根や風雨の影響によって容易に変形や崩壊が進んでしまう。また、川鵜の糞害にも著しいものがあり、遺構の表面を白く汚染し、悪臭を放っている。こうした状況をみる限り、今日とられている絶対的保存措置の在り方が、貴重な国指定史跡の保存に、必ずしも適切であるとは言い難い。

六番台場の絶対的保存を行なうにあたっては、台場を覆う樹木や雑草を伐採した上で、遺構の表面に芝を張り、保全のための手入れを定期的に行なう等の措置が望まれる。絶対的保存の名の下に遺構が放置され、自然の力で崩壊するに任せるということがあってはならない。

註

（1）同史料は一九五四年に「西洋書籍取調候書付」（戸羽山翰編『江川坦庵全集　下』巌南堂、一九七九年、一一二〜一一四頁所収）として復刻され、江川坦庵の人物研究においても「品川台場設計の基礎となった西洋書籍」と位置づけられている（仲田正之『江川坦庵』吉川弘文館、一九八五年、一九七頁）。
（2）勝安房編『陸軍歴史　上巻』（陸軍省、一八八九年）、「巻一〇」一〇三頁。
（3）浄法寺朝美『日本築城史』（原書房、一九七一年）一四頁。
（4）原剛『幕末海防史の研究』（名著出版、一九八八年）一三五頁。
（5）同右、一三五頁。
（6）英国海軍省文書 (ADM1/5824. Kuper to Admiralty, April 28 1863).
（7）同右 (ADM1/5790 Part 2. Hope to Paget, October 18 1862).
（8）前掲『陸軍歴史　上巻』、「巻一〇」一〇四頁。
（9）土木学会『品川台場公園の保護と利用に関する調査研究報告書』（土木学会、一九九二年）六頁。

ま

や

わ

事項索引（兵器）

ま

や

ら

蘭語書名

た

な

は

か

さ

事項索引（一般）

索　　引

※　本文中では引用史料の表記の違いによって人名・事項の表記に異同があるが、索引では便宜的に統一した。

人　名　索　引

あ

か

さ

編著者略歴

淺川　道夫（あさかわ　みちお）

著者略歴

博士（学術）、軍事史学会理事・編集委員、拓殖大学講師

昭和35（1960）年、東京に生まれる。
日本大学大学院法学研究科（日本政治史専攻）博士後期課程満期退学

主要著書・論文

・平間洋一編『日英交流史３　軍事編』（東京大学出版会、2002年）共著
・宮地正人監修『ビジュアルワイド　明治時代館』（小学館、2005年）共著
・「江戸湾内海の防衛と品川台場」（『軍事史学』第39巻第1号、軍事史学会、2003年6月）
・「ペリー来航時の江戸湾防衛について」（『政治経済史学』第493号、政治経済史学会、2007年9月）
・「品川台場にみる西洋築城技術の影響」（『土木史研究　講演集』vol.27、土木学会、2007年6月）

お台場《だいば》——品川台場《しながわだいば》の設計《せっけい》・構造《こうぞう》・機能《きのう》——

平成二十一年六月一日　印刷
平成二十一年六月五日　発行

※定価はカバー等に表示してあります。

著者　淺川道夫
出版者　中藤政文
発行所　錦正社
〒一六二―〇〇四一
東京都新宿区早稲田鶴巻町五四四―六
電話　〇三（五二六一）二八九一
FAX　〇三（五二六一）二八九二
URL　http://www.kinseisha.jp/

印刷　㈱平河工業社
製本　㈱ブロケード

ISBN978-4-7646-0328-8